AR|BOR

(lat.): der Baum

DAS ARBOREUS-PRINZIP

Handlungsstrategien für ein besseres Leben

Lucia Brauburger

Die Deutsche Nationalbibliothek verzeichnet diese
Publikation in der Deutschen Nationalbibliografie;
detaillierte bibliografische Daten sind im Internet
über http://dnb.d-nb.de abrufbar.

Martinsstraße 17, 55116 Mainz

Layout und Satz: Axel Schneider, Frankfurt/Main
Lektorat: ihleo verlagsbüro – Dr. Oliver Ihle, Husum
Druck: Druckerei K. Wolf GmbH, Konrad-Adenauer-Straße 36,
55218 Ingelheim am Rhein

Im Vertrieb des ihleo verlag, Husum, www.ihleo-verlag.de
ISBN 978-3-940926-97-5

INHALT

VORWORT

WOFÜR MISSVERSTÄNDNISSE MANCHMAL GUT SIND …

15. Diploma di maturità presso il Liceo Scientifico "Da Vinci", Trento
Laurea in economia e commercio, Università Bocconi, Milano
Corso di formazione per giornalisti
Traduzioni dal francese per la rivista National Geographic
Stage presso "Donna Moderna" di Segrate (Milano)
Pratica sistemi informatici
Lettura, musica classica, teatro e cinema

Lektion 9

1.

											1 C			
					2 A	3 P					O	4 T		
					F	A					T	E		
					F	N		5 C	E	N	T	R	O	
	6 S	T	U	D	I	O					U	R		
		7 R	I	S	T	R	U	T	T	U	R	A	T	O
				8 S	T	A	N	Z	A		A	Z		
	9 C	O	N	D	O	M	I	N	I	O		Z		
10 A	M	P	I	O		11 I	S	O	L	A	T	A		
12 M	O	N	O	L	O	C	A	L	E					
					13 M	O	B	I	L	I				

2. 1. un bel bambino; 2. delle belle scarpe; 3. un bell'orologio; 4. dei bei mobili; 5. Che begli stivali!
L'aggettivo *buono* si declina come l'articolo indeterminativo.
L'aggettivo *bello* si declina come l'articolo determinativo.

3. abiti; ti sbagli; abbiamo; vediamo; sentiamo; ristrutturi; siamo; portiamo; parli; ci sbagliamo

4. 1. fiori; 2. cantina; 3. ampi; 4. attico; 5. pareti; 6. camino; 7. monolocale; 8. verde; 9. mobili

5. 1. d; 2. c; 3. b; 4. e; 5. f; 6. g; 7. a

6. sei stato; Mi sono fermato; dà; sia; mi sono permesso; voglia; abbia; possa; stai / stiamo, comprerò

7. 1. elettrodomestico; 2. gusti; 3. fiume; 4. livelli; 5. vicini

8. 2. Dipingendo le pareti di bianco. 3. Prendendo l'aereo. 4. Cercando nella tua camera. 5. Adattando i vecchi mobili al nuovo spazio. 6. Vendendo la casa. 7. Aumentando il ritmo di lavoro.
   Lösung: PAVIMENTO

9. 1. a. sono, b. hanno, c. vogliano; 2. a. abbia, b. sia, c. arriva / arriverà; 3. a. faccia, b. voglia, c. costi; 4. a. esca, b. capisca, c. studi

10. amiamo, investiamo, è; riguardi; siano; sia, ci sia; seguano, controlli, facciano, presti

11. 2. di sua sorella; 3. della nostra; 4. che affittarne una; 5. che fuori; 6. che essere dipendenti; 7. che impararla sui libri

12. b.; e.; a.; d.; f.; c.; g.

13. monolocale; camino; vasca da bagno; condominio; mobile; specchio; attico; comodino; casale; divano; cantina; cameretta; faticaccia; scale; scrivania; angolo cottura; affitto; caratteristica; elettrodomestico; lavabo; fiume; studio; cucinotto

15. per riposarsi: 6, 13, 16; per lavare/lavarsi: 2, 10, 11, 12, 18, 21; per arredare: 3, 4, 6, 9, 14, 15, 16, 17, 19, 20; per cucinare: 1, 5, 8; per evitare fatiche: 7, 12; per la toilette: 2, 18, 19, 21, 22

Lektion 10

1.

			[1]A	L	Z	A	R	E			
	[2]S	C	A	M	B	I	A	T	I		
[3]A	P	P	U	N	T	A	M	E	N	T	O
[4]M	A	T	R	I	M	O	N	I	A	L	E
			[5]I	N	I	Z	I	O			
		[6]P	R	I	N	C	I	P	E		
	[7]S	F	O	G	L	I	A	N	D	O	
	[8]C	O	L	P	O		[9]A	N	I	M	A
[10]F	I	N	E		[11]T	I	M	I	D	I	
		[12]G	I	U	R	A	T	I			

Lösung: AL CUORE NON SI COMANDA

2. 1. f.; 2. b.; 3. d.; 4. c.; 5. a.; 6. e.

3. 1. Mi stavo mettendo / Stavo mettendomi; 2. Stavo rispondendo; 4. Stavo facendo; 5. Stavo pagando; 6. Stavo per scrivere

4. finalmente; All'inizio; Alla fine; Finalmente; all'inizio; alla fine

5. raccontare: 1., 4., 6., 7., 11.
invitare a raccontare / mostrare curiosità verso chi racconta: 2., 3., 5., 8., 9., 10.

6. 1. *vassoio* va al posto di *metropolitana*; 2. *occhi* al posto di *intenzione*; 3. *coda* al posto di *fame*; 4. *resto* al posto di *turno*; 5. *coraggio* al posto di *secondo*

7. 1. Ho dovuto mettermi – Mi sono dovuto / -a mettere ... era; 2. Siamo voluti / -e partire ... c'era; 3. Sono potuto / -a uscire ... è rimasta; 4. Hanno dovuto pagare ... ero; 5. Ha voluto riposare ... era

8. (5), (3), (1), (4), (7), (2), (6)

9. 2. però neanche una pizzeria; 3. comunque sia non si è comportata bene; 4. se si era messo a nevicare; 5. proprio il partner sbagliato; 6. tanto per poterla guardare da vicino; 7. per trovare l'anima gemella; 8. che lo sport aiuti i timidi; 9. perché non la vedevo da tempo

10. 1. che fumi / quando fuma; 2. che voi vi comportiate / quando voi vi comportate; 3. che noi correggiamo / quando noi correggiamo; 4. che nevichi / quando nevica; 5. che tu ti sbagli / quando tu ti sbagli

11. 2. Era così ubriaco che ho dovuto guidare io. 3. Che giornata nera! Prima ho perso l'autobus e poi anche il portafoglio. 4. Ha tanti vestiti che si è dovuta comprare un nuovo armadio. 5. Mi ha promesso una cenetta a lume di candela, invece mi porterà in pizzeria! 6. Ha speso tutti i miei soldi; adesso per farla breve / per farla breve adesso sono completamente al verde.

12. 1. Sandra; 2. sua sorella; 3. Nadia; 4. Sandra; 5. Luciano; 6. Sandra

13. 1. a/d, b/c; 2. a/b, c/d; 3. a/b, c/d; 4. a/c, b/d; 5. a/b, c/d; 6. a/c, b/d; 7. a/b, c/d; 8. a/c, b/d

14. 1. tace; 2. schiaffo; 3. sfogliare; 4. ti sei comportato / -a; 5. ha stregato; 6. folle

15.

● Ciao Alberta, cosa ti è successo? Ti vedo così nervosa!!

◆ Ah, ciao, scusa, hai ragione. Ho litigato con Paolo. Credo che voglia piantarmi.

● Oh, mi dispiace! Però, secondo me, dovevi capire prima che non era il tipo per te!

- ◆ Già! Ma all'inizio era così affettuoso! Mi coccolava, mi viziava, mi baciava anche per strada e aveva occhi solo per me. Chiaro che mi sono innamorata subito di lui!
- ● E allora ... qual è il problema?
- ◆ Beh! Lui da un po' di tempo si comporta da disgraziato e mi dà proprio fastidio che passi tutta la giornata al bar giocando a tressette. Pensa che l'altro giorno mi ha dato persino uno schiaffo, questo non doveva proprio farlo!
- ● Ascolta il consiglio di un'amica. Io non sopporto che lui ti tratti così e secondo me dovresti proprio squagliartela, visto che sei ancora in tempo! Io penso davvero che questa sia la soluzione migliore per te.

16. 1. c; 2. f; 3. d; 4. b; 5. e; 6. a

Wussten Sie, dass die Länge aller Nervenbahnen des Gehirns bei einem erwachsenen Menschen etwa 5,8 Millionen Kilometer beträgt? Das entspricht dem 145-fachen Erdumfang. Die geschätzten 86 Milliarden Nervenzellen, die auf unsere diversen Hirnregionen verteilt sind, werden durch Billionen von Synapsen miteinander verbunden. Damit jedoch überhaupt Informationen übermittelt werden können, greifen die Zellen auf so genannte Dendriten und Axone zurück, die Sinnesreize übertragen und empfangen können. Anders ausgedrückt: Bestimmte Zellfortsätze sind offensichtlich ziemlich wichtig, damit das, was für unser Überleben essenziell ist, überhaupt möglich ist. Faszinierend, oder? Aber ich will ehrlich sein, ich hätte mich mit diesem Thema nicht beschäftigt, wenn ich nicht über folgendes Bild gestolpert wäre:

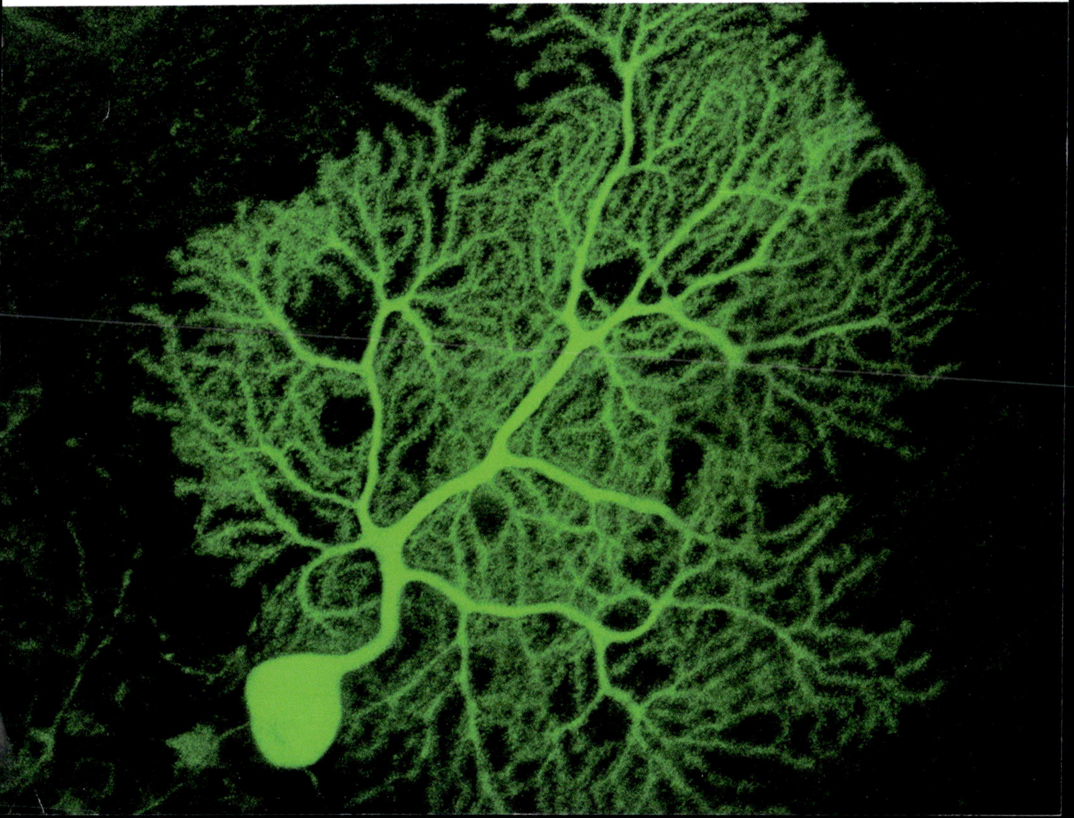

Geht es Ihnen wie mir? Ich dachte, ich sehe die Silhouette eines Baumes. Was hier jedoch abgebildet ist, sind Dendriten! Ja – genau die, die dafür sorgen, dass Reize in unserem Gehirn dahin gelangen, wo sie hingehören.

Ich liebe Bäume in jedweder Form. Ich wage zu behaupten, Tausende mit der eigenen Kamera abgelichtet zu haben, mit Blättern, ohne Blätter, von Weitem und in Nahaufnahme. Schon immer hat es mir das Konzept der Verästelung angetan, die Eleganz und Schönheit einerseits, die ganz offensichtlich geniale Funktionalität andererseits. Genau das nun auf einer Abbildung zu sehen, die zunächst einmal nichts mit der mir vertrauten Baumversion zu tun hatte, hat mich schlagartig „elektrisiert".

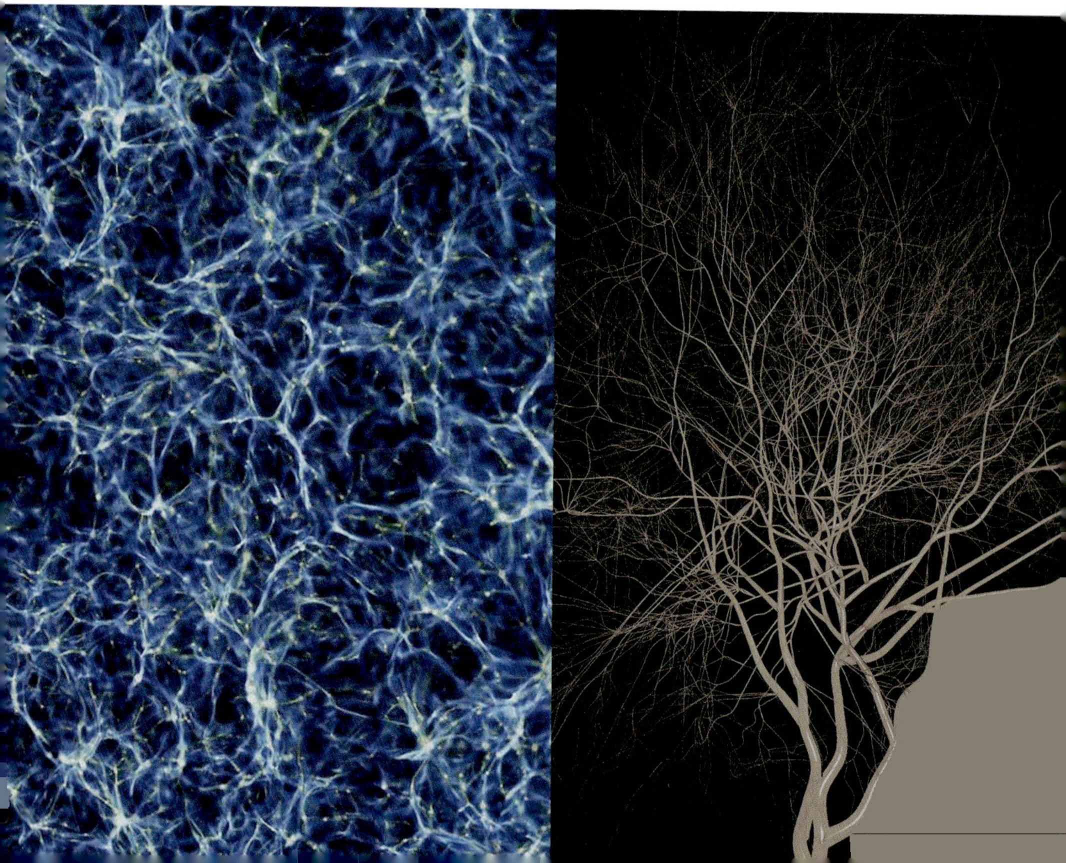

Ich wollte mehr wissen und begab mich auf die Suche nach weiteren Bildern. Was ich zu sehen bekam, waren Bäume, Zellen, Flüsse, Blutgefäße und Organe. Mir war nicht klar, in welchem Variantenreichtum und in welcher Häufigkeit das Phänomen der Verästelung anzutreffen ist. Ich entschied mich, dem Ganzen nachzugehen, und fing an zu recherchieren. Zunächst beiläufig. Dann immer intensiver. Was folgte, war eine faszinierende, mein Leben ungemein bereichernde „Reise", die die Grundlage dieses Buches lieferte. Entstanden ist eine Einladung, Dinge anders zu sehen als vorher – in der Natur, aber auch in uns selbst. Was ich damit meine?

Nun, lesen Sie selbst.

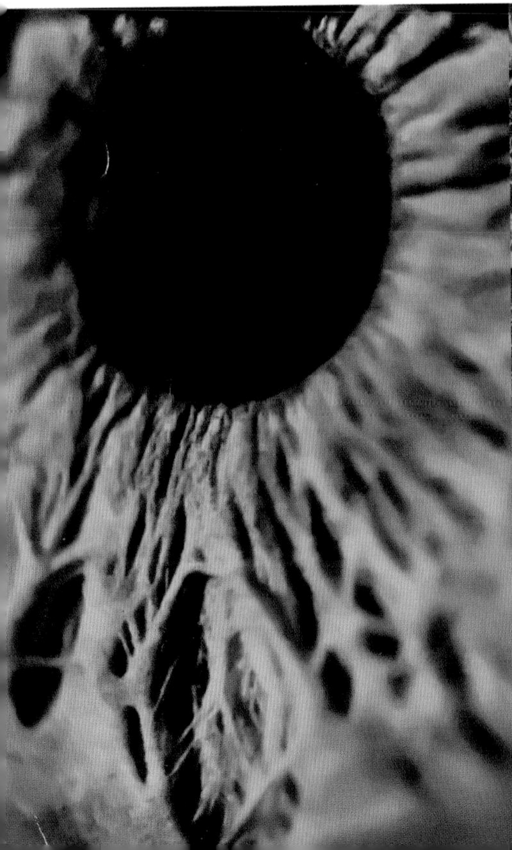

KAPITEL 1

WARUM WIR SO SIND, WIE WIR SIND, UND WAS UNSER LEBEN MITUNTER SO KOMPLIZIERT MACHT

Viele kluge Menschen vertreten nach wie vor die Auffassung, dass neben unseren Anlagen in hohem Maße auch unsere Sozialisation darüber entscheidet, wie wir uns entwickeln und welchen Lebensweg wir einschlagen. Tatsächlich bewegen wir uns beginnend mit unserer Stunde null in einem ziemlich festgelegten Radius. Unsere Biografie ist geprägt von einer nahtlosen Aneinanderreihung gleich mehrerer Anforderungsszenarien: Kindergarten, Schule, Ausbildung, Familiengründung, Daseinsvorsorge ... Der Rahmen variiert natürlich im Detail, aber grundsätzlich sind die Koordinaten klar definiert.

Hinzu kommen die jeweiligen Umstände, die durch unser soziales Umfeld gegeben sind und die Einfluss darauf nehmen, welche Freunde wir haben, auf welche Schule wir gehen, welche Hobbys wir ausüben und welchen Berufsweg wir einschlagen. Auch die Tatsache, ob wir als Mädchen oder als Junge auf die Welt kommen, geht mit spezifischen Prägungen einher und wirkt sich darauf aus, was wir aus uns machen respektive was aus uns wird. Dies ist so lange kein Problem, so lange wir zufrieden sind. Ich persönlich kenne eine große Anzahl Menschen, die genau das Leben führen, das sie führen wollen, die das Gefühl haben, alles richtig gemacht zu haben, und der Zukunft positiv entgegensehen.

Ich kenne aber auch viele liebenswerte, interessante, talentierte Menschen, die mit dem, was sie tun und wie sie leben, *nicht* zufrieden sind. Die das Empfinden haben, in einer Sackgasse gelandet zu sein, und nicht wissen, wie sie mit dieser Situation umgehen sollen. Die sich verunsichert fühlen von allem, was mit Veränderung zu tun hat, und daher keine Alternative zu ihrem aktuellen Leben parat haben.

DIE ANGST VOR VERÄNDERUNG

Diese Angst vor Veränderung ist nichts grundsätzlich Verwerfliches, im Gegenteil. Sich gegen Veränderungen abzuschotten, ist historisch betrachtet tief in uns verankert und hat durchaus seinen Sinn – vor allem in Situationen, in denen ein zu waghalsiges Verhalten eine echte Gefährdung bedeuten würde. Ein Risiko *nicht* einzugehen, kann durchaus gesund und angemessen sein.

Unter Umständen trifft es aber auch zu, dass eine Veränderung richtig und wichtig wäre, jedoch das Vertrauen fehlt, diese Veränderung anzugehen und adäquat zu meistern. Die Psychologie spricht in diesem Zusammenhang von mangelnder Selbstwirksamkeit – ein etwas sperriger Begriff, der es jedoch in sich hat: Unter Selbstwirksamkeit versteht man die Überzeugung eines Menschen, auch schwierige Situationen aus eigener Kraft erfolgreich zu meistern. Geprägt wurde der Begriff von dem amerikanischen Psychologen Albert Bandura. Eine wesentliche Erkenntnis Banduras war, dass Menschen meistens nur dann eine Handlung beginnen, wenn sie davon überzeugt sind, dass sie diese Handlung auch tatsächlich erfolgreich ausführen können.

WARUM SO UND NICHT ANDERS?

Die Weichen für diese ungemein wichtige Fähigkeit werden früh gestellt – oder auch nicht. Und genau hier liegt das Problem. Wer in seiner Kindheit nicht gelernt hat, Veränderungen als positive Herausforderung zu sehen, wird sich auch in seinem späteren Leben schwer damit tun, neuen Aufgaben offen zu begegnen. Der familiäre Kontext spielt hierbei eine große Rolle, schlicht und ergreifend dadurch, welche Erfahrungen zugelassen werden und ob eine „Ermunterungs- und Belohnungskultur“ etabliert ist – oder nicht. Ich habe beide Varianten kennengelernt, plus und minus. Ich bin mir zum Beispiel ziemlich sicher, dass mir Begegnungen und Erfahrungen über den bürgerlichen Tellerrand meiner Familie hinaus gutgetan hätten. In vielerlei Hinsicht habe ich die Pfade, die den Kosmos meiner Kindheit und Jugend ausmachten, nie verlassen. Dessen ungeachtet habe ich in Bereichen, die sich im Nachhinein als sehr wichtig für mein Leben erwiesen haben, eine ungeheure Förderung erfahren und damit eine wesentliche Starthilfe bekommen. Ich weiß also, was mir in puncto Selbstwirksamkeit mitgegeben wurde und was nicht.

KENNEN WIR UNS WIRKLICH?

Die Frage, warum wir so sind, wie wir sind, ist damit jedoch noch lange nicht beantwortet. Denn natürlich entscheidet nicht allein die Selbstwirksamkeit darüber, wie wir bestimmten Herausforderungen in unserem Leben begegnen. Ein weiterer Faktor ist, mit welchem Selbstbild wir durchs Leben gehen! Wissen wir, wer wir wirklich sind? Oder ist die Art und Weise, wie wir uns selbst wahrnehmen, nur die Spiegelung bestimmter Umstände?

Eine zumindest partielle Antwort liefert ein Blick auf das Schul- und Bildungssystem, mit dem wir konfrontiert sind und das uns vor allem eins beschert: ein quantifizierbares Leistungsverständnis. Mir ist bewusst, dass reglementierter Wissensstoff und einheitliche Beurteilungskriterien durchaus ihre

Berechtigung haben. Mir ist aber auch bewusst, dass die schulische Ausbildung, die in Deutschland angeboten wird, nicht den Menschen in seiner Individualität, sondern einen standardisierten Leistungsgedanken in den Vordergrund rückt. Was dies bewirkt, haben die Autoren Gerald Hüther und Uli Hauser in ihrem Buch „Jedes Kind ist hoch begabt. Die angeborenen Talente unserer Kinder und was wir aus ihnen machen" ausführlich beschrieben. In Kurzform lautet ihre These: Jedes Kind kommt mit einer Vielzahl Anlagen auf die Welt. Doch eben diese Anlagen verkümmern, weil sie nicht ausgelebt werden dürfen respektive nicht gefördert werden. Ein auf Noten getrimmtes Bildungssystem tut sich schwer mit nicht quantifizierbaren Leistungen.

Was aber bedeutet dies für das Bild, das wir von uns selbst haben? Nichts Gutes. Denn wir wissen nicht, was in uns steckt. Wir wissen es deswegen nicht, weil wir es nie herausfinden durften. Sei es, weil es der familiäre Kontext nicht zugelassen hat, oder sei es, weil das System „Schule" die Veranlagungen, die in uns schlummern, nicht zum Vorschein gebracht hat. Zwei unterschiedliche Konsequenzen lassen sich daraus ableiten: Entweder gehöre ich zu denen, die das Glück hatten, dass ihr Leben dennoch auf die richtige Schiene gesetzt wurde und die Anlagen zum Vorschein kommen durften, die mir ein zufriedenes Leben bescheren. Oder aber, ich lebe ein Leben, das ich nur deswegen führe, weil es sich so ergab, es mit mir selbst aber nur wenig zu tun hat. Sollte Letzteres der Fall sein, wird sich unweigerlich irgendwann die Erkenntnis einstellen, dass „irgendwas" nicht stimmt. Und dass sich etwas ändern muss.

„Unter Selbstbild versteht man in der Psychologie das Bild von sich selbst, von seiner Persönlichkeit, wobei dieses Selbstbild durch Erlebnisse und Erfahrungen in der Kindheit, vor allem in den ersten sieben Lebensjahren, geformt worden ist." [1]
(Die Zuordnung sämtlicher Zitate in diesem Buch erfolgt auf den Seiten 140 und 141.)

Nur was?

KAPITEL 2
DIE KRAFT DER BILDER

Hochleistungssportler bedienen sich eines faszinierenden Tricks, um ihre Leistungen zu verbessern: Sie stellen sich die konkrete Durchführung einer bestimmten Handlung vor und erzielen dadurch einen echten Trainingseffekt. Dabei konzentrieren sie sich intensiv auf jede Einzelheit eines imaginären Bewegungsablaufs, erleben diesen förmlich nach. Das Verblüffende daran: Obwohl die Übung nur in Gedanken absolviert wird, stellt sich ein messbarer Effekt ein, und zwar deshalb, weil das Nervensystem per Vorstellungskraft die Muskelleistung erbringt, die nötig ist, um die optimale Leistung zu erreichen. Diese Form der Visualisierung, die in der Regel auf einer bereits bekannten Übung aufbaut, wird im professionellen Trainingskontext sehr häufig eingesetzt.

„Als Visualisierung bezeichnet man den psychischen Vorgang, bei dem Vorstellungen und Bilder vor dem inneren Auge eines Menschen aktiviert werden.“ [2]

Nun muss man kein Hochleistungssportler sein, um festzustellen, wie viel Kraft vom eigenen Vorstellungsvermögen ausgehen kann. Ich persönlich habe die Technik, innere Bilder abzurufen, schon oft eingesetzt. Allerdings nicht, um meine sportliche Leistung zu verbessern (über die tägliche Morgengymnastik komme ich, um ehrlich zu sein, nicht hinaus), sondern immer dann, wenn wieder einmal eine relevante Entscheidung gefragt war. Ich habe mir vorgestellt „was – wenn“ und die diversen Optionen, die mir zur Verfügung standen, in Bilder übersetzt, in einen „inneren Film“ sozusagen. Dabei ist etwas Interessantes geschehen: Es gab „Filme“, die schon nach einer Minute im Nichts versandet sind. Es gab aber auch „Filme“, die eine schier unglaubliche Dynamik entwickelt und den Effekt in mir ausgelöst haben: Das fühlt sich gut an! Das könnte richtig für mich sein!

DENKEN IN SCHUBLADEN

Nun ist das mit der Vorstellungskraft natürlich so eine Sache. Ein Sportler, der einen bestimmten Bewegungsablauf simuliert, weiß, auf welche Bilder er zurückgreifen muss, um den erwünschten „inneren Film“ zum Laufen zu bringen. Im Hinblick auf eine übergeordnete Fragestellung, zum Beispiel, welchen Ausbildungsweg ich einschlagen möchte oder wie ich mir meine Zukunft vorstelle, wird das Ganze merklich schwieriger. Denn ein universelles Bildarchiv, auf das wir zurückgreifen können und welches uns die passenden Optionen à la carte serviert, gibt es nicht.

Also passiert das denkbar Naheliegende: Wir bedienen uns aus einem Fundus, der sich in Form von Wissen und Erfahrungen in uns abgelagert hat.

Anders ausgedrückt, wir greifen in Schubladen, die wir kennen. Und genau damit geht ein echter Nachteil einher. Wir bewegen uns auf uns vertrauten Pfaden und ziehen Optionen, die unter Umständen sehr gut für uns wären, gar nicht erst in Betracht. In gewisser Hinsicht setzen wir das fort, was wir im Laufe unseres Lebens erfahren und erlebt haben. Das heißt, selbst beim Fantasieren laufen wir Gefahr, unseren etablierten gedanklichen Kosmos nicht zu verlassen.

NEUE PFADE EINSCHLAGEN

Nun tut uns das Gehirn einen großen Gefallen: Es ist lernfähig und es verändert sich unentwegt. Basis hierfür ist die so genannte Plastizität des Gehirns. Gemeint ist die Eigenschaft einzelner Synapsen, Nervenzellen und ganzer Gehirnareale, sich je nach Nutzung zu verändern. Bildlich gesprochen: Durch neue Erfahrungen legt das Gehirn neue Pfade an.

Genau diese Gabe können wir uns zunutze machen. Das kann folgendermaßen aussehen: Ich frage mich, wie ich zum Beispiel in fünf Jahren leben möchte, und stelle mir Szenarien vor. Diese haben vielleicht nichts, aber auch so gar nichts mit meinem gegenwärtigen Leben zu tun, wären aber rein theoretisch durchaus denkbar. Ich begebe mich sozusagen in einen „Fantasie-Modus", darf spinnen, unlogisch sein, träumen, experimentieren, einfach die Gedanken treiben lassen und sehen, was passiert ...

In jedem Fall passiert eins: Wiederum durch die Bilder in meinem Kopf verändert sich etwas – ich erweitere meinen Radius. Oder, um im Bild der „neuen Pfade" zu bleiben, ich lege ein neues Wegenetz an. Dadurch wiederum schaffe ich mir unter Umständen Optionen, auf die ich sonst gar nicht gekommen wäre, betrete also ganz gezielt (zumindest mental) Neuland.

„Unser Gehirn ist nicht starr verdrahtet wie ein Computer. Es wird ständig umgebaut und an neue Erfordernisse angepasst – sei es als Reaktion auf Umweltbedingungen, weil wir etwas Neues gelernt haben, oder wenn sich das Gehirn von einer Schädigung erholen muss. Diese so genannte neuronale Plastizität begleitet uns ein Leben lang." [3]

Vielleicht öffne ich sogar ein paar Schubladen, die im Zuge meines Lebens in Vergessenheit geraten sind. Das bedeutet zwar noch lange nicht, dass direkt eine Veränderung in Gang gesetzt wird, aber es ist ein erster Schritt.

DIE MACHT DER GEWOHNHEIT

Von der Fantasie in die Realität ist es freilich ein weiter Weg. Denn ob wir es wollen oder nicht, wir Menschen haben einen natürlichen Hang dazu, uns sehr genau zu überlegen, wofür wir unsere Energie aufbringen. Auch dies ist evolutionär bedingt und wieder spielt unser Gehirn eine wesentliche Rolle. Jede Veränderung bedeutet nämlich, dass wir einen etablierten Status quo verlassen und Energie aufbringen müssen für einen Prozess, dessen Ergebnis noch nicht einmal absehbar ist. Denn ob eine Veränderung tatsächlich auch den erhofften Vorteil mit sich bringt, muss sich erst einmal herausstellen.

Es will also genau abgewogen sein, ob sich der Aufwand lohnt und wie wir mit unserer Energie umgehen.

Tendenziell ist unser Gehirn darauf eingestellt, einen Sparmodus zu fahren, denn es könnten ja Situationen entstehen, in denen es wichtig ist, schlagartig reagieren zu müssen. Wenn dann kein angemessener Energievorrat übrig ist, haben wir ein Problem. Wir müssen also einen Weg finden, genügend Konzentrations- und Handlungsvermögen zur Verfügung zu haben, wenn wir mit neuen und komplizierten Dingen konfrontiert sind, die unsere ganze Aufmerksamkeit fordern.

Zum Glück hat uns die Evolution mit einem schlauen Instrument ausgestattet, das uns hilft, Energie zu sparen: Regelmäßig ausgeführte Aktivitäten werden in Gewohnheiten umgewandelt. Anders ausgedrückt: Je stärker eine Handlung als Gewohnheit verankert ist, desto weniger „Arbeit“ muss unser Gehirn leisten.

FAHRRADFAHREN VERLERNT MAN NIE

Anhand des Beispiels Fahrradfahren lässt sich das sehr gut verdeutlichen: Am Anfang ist eine Menge Konzentration und Koordination erforderlich, um die ersten Meter erfolgreich hinter sich zu bringen. Mit der Zeit wird der Bewegungsablauf dann zur sprichwörtlichen Routine, die man nie wieder verlernt. Um die 40 Prozent aller Handlungen, die wir tagtäglich durchführen, laufen in dieser Form ab. Das Gehirn muss sich weniger „anstrengen" und spart kostbare Energie. Im Hinblick auf Ressourcenschonung und Effizienz ist das eine äußerst schlaue Strategie. Doch schauen wir uns die ganze Sache einmal näher an.

So lieb und teuer uns nämlich unsere Gewohnheiten werden können, so schwer kriegt man sie auch wieder los. Ein Beispiel: Ich müsste mich eigentlich gesünder ernähren. Aber jetzt mal Hand aufs Herz: Kennen Sie jemanden, der diesen Vorsatz mit einem Fingerschnips von einem Tag auf den anderen auch tatsächlich umsetzt? Also, ich nicht. Auch hieran ist unser Gehirn nicht ganz unbeteiligt: Die bequeme Angewohnheit, sich abends mit einer Tüte Chips vor den Fernseher zu legen, hat ihre Spuren hinterlassen und muss durch Aufbringen von Energie abgebaut und durch eine neue Gewohnheit ersetzt werden. Das dauert etwas. Doch wer regelmäßig Sport macht oder ein Musikinstrument lernt, weiß, dass sich durch eine wiederholte Handlung mit der Zeit tatsächlich ein Effekt einstellt. An diesen Punkt muss man zugegebenermaßen erst einmal kommen. Was nicht immer einfach ist. Es gibt da nämlich ein paar mächtige Hindernisse, die sich in den Weg stellen können, unsere Glaubenssätze zum Beispiel. Und die darf man nicht unterschätzen.

IM GRIFF DER GLAUBENSSÄTZE

Glaubenssätze entstehen auf zweierlei Weise: Entweder eine eigene Erfahrung liegt zugrunde oder aber unser Umfeld hat sie an uns herangetragen. In jedem Fall erfolgt ein Abspeichern in unserem Gehirn als etwas, an das wir fest glauben und das einen ungeheuren Einfluss auf uns hat. Ein Glaubenssatz wirkt wie ein Filter, der dazu führt, dass wir alles, was wir erleben oder was uns widerfährt, aus einem ganz bestimmten Blickwinkel wahrnehmen. Auch uns selbst.

„Glaubenssätze sind Annahmen darüber, wie die Welt, die eigene Person, das eigene Verhalten und Leben ist. Diese Regeln, Wahrheiten, Gesetze, Interpretationen halten Sie für wahr – Sie glauben daran und richten das eigene Leben danach aus. Glaubenssätze beeinflussen Denken und Handeln, sogar die Wahrnehmung wird durch Glaubenssätze beeinflusst." [4]

Angenommen, ich hatte das zweifelhafte Vergnügen, in einem Umfeld aufzuwachsen, das mir fortwährend Unfähigkeit bescheinigt hat („Du bist zu dumm dafür!"). Dann ist die Wahrscheinlichkeit ziemlich hoch, dass mein Lebensweg bestimmte Bahnen nicht verlassen wird, weil ich mir manches schlicht nicht zutraue. Ein ähnlicher Effekt ist zu erwarten bei Aussagen wie „Das hast du nicht verdient" oder „Das gehört sich nicht!".

Es ist nicht schwer nachzuvollziehen, dass sich aus derartigen Szenarien viele Blockaden entwickeln, die uns daran hindern, unser Potential zu erkennen und auch umzusetzen. Schon der Vorsatz, sich abends nicht mehr mit einer Tüte Chips vor den Fernseher zu legen, kann daran scheitern. Ich muss mir also wirklich etwas ausdenken, um eine Veränderung umzusetzen. Und wie bekomme ich das hin?

KAPITEL 3

WIE DIE NATUR MIT IHREN AUFGABEN UMGEHT

Wann haben Sie sich das letzte Mal das Blatt eines Baumes angeschaut? Ich meine, so richtig angeschaut. In Ihrem Biologieunterricht? Ich will Ihrer Erinnerung auf die Sprünge helfen: Betrachten wir uns einmal ein Ahornblatt. Es gibt einen Stiel und einen sich anschließenden flächigen Teil, der von Adern durchsetzt ist. Diese Blattadern bilden eine gleichmäßige Netzstruktur, die sich aus voluminöseren und feineren Adern zusammensetzt.

Die Blattadern dienen der Zuleitung von Wasser und Nährstoffen. Außerdem verleihen sie dem Blatt Festigkeit und Struktur. Durch die so genannten Leitbündel sind Blatt, Stamm und Wurzel miteinander verbunden. Sie bilden ein System, das in zwei Richtungen verläuft: Wasser- und Nährstoffe gelangen von den Wurzeln zu den Blättern. Die im Rahmen der Photosynthese gebildeten organischen Stoffe wiederum – Zucker zum Beispiel, der für das Wachstum des Baumes elementar ist – werden von den Blättern zu den Wurzeln transportiert.

Neben der Photosynthese übernehmen die Blätter noch eine weitere wichtige Funktion: Bäume sind für ihr Überleben auf Wasser angewiesen. Auf raffinierte Weise sorgen sie selbst dafür, dass ihnen der Vorrat daran nicht ausgeht. Ihre Blätter enthalten so genannte Spaltöffnungen, über die das Wasser, das zuvor über die Wurzeln aufgenommen wurde, verdunstet wird und irgendwann als Niederschlag wieder auf die Erde zurückfällt. Wurzeln und Blätter bilden somit einen perfekt aufeinander eingespielten Kreislauf.

FEST VERANKERT

Genau wie die Blätter sind auch die Wurzeln ein Meisterstück in Sachen Effizienz. Neben der Verankerung im Boden haben sie die Aufgabe, die Versorgung mit Wasser und Nährstoffen zu gewährleisten. Ihr Wachstumsverhalten ist auf diese Aufgabenstellung optimal ausgerichtet. Zum einen passen sich Wurzeln an ihre jeweiligen Standortbedingungen an. Lange, tiefe Wurzeln bildet ein Baum zum Beispiel dann, wenn er auf trockenem Boden wächst. In geringerer Tiefe hingegen sind Wurzeln anzutreffen, wenn das Erdreich besonders feucht und voller Nährstoffe ist.

Um die jeweiligen Umstände adäquat zu nutzen, kommt eine weitere Eigenschaft hinzu: Wurzeln wachsen nicht in einer geraden Linie, sondern verzweigen sich. Auf diese Art kann sich ein Wurzelgeflecht über mehrere Kilometer ausdehnen! Dadurch kommt es nicht nur zu einer besseren Durchdringung des Raums, es entsteht auch eine größere Oberfläche für die Wasser- und Mineralienaufnahme.

Es ist beeindruckend, welch' geniales Konzept sich die Natur hier ausgedacht hat – vor allem, wenn man die Logik dahinter erst einmal begriffen hat. Die Frage, um die es geht, lautet ja: Wie entstehen optimale Bedingungen, um zu wachsen und zu überleben? Das Beispiel Wurzel zeigt, dass der Grad der Ausdehnung hierbei eine wesentliche Rolle spielt. Je mehr Volumen eingenommen wird, desto besser sind Standfestigkeit und Versorgungsgrad. Das Konzept ist so angelegt, dass auf die vorhandenen Standortbedingungen reagiert und das Beste aus der jeweiligen Situation herausgeholt werden kann. Die Verästelung schafft hierfür die Voraussetzung.

ÜBERLEBENSKÜNSTLER UNTER SICH

Wie eine solche Anpassung selbst unter härtesten Bedingungen gelingen kann, zeigt auch das Beispiel der Flechten. Diese aus meiner Sicht völlig unterschätzten Organismen haben die beeindruckende Fähigkeit, selbst an extremen Standorten zu siedeln. Man findet sie in Wüsten ebenso wie im Hochgebirge, in der Tundra ebenso wie in der Antarktis. Ermöglicht wird dies dadurch, dass Flechten ohne Wurzeln auskommen und stattdessen eine Lebensgemeinschaft aus einem Pilz und einer Alge bilden: Das Pilzgeflecht bewahrt vor der Austrocknung und

dient der Reservespeicherung. Es schließt die notwendigen Nährsalze auf und bietet Schutz gegen UV-Licht. Der Algenpartner wiederum übernimmt die Photosynthese und versorgt den Pilz mit Kohlenhydraten. Eine perfekte Symbiose, die dafür sorgt, dass weltweit über 25 000 Flechtenarten anzutreffen sind.

Da Flechten keine Wurzeln haben, können sie nur über ihre Oberfläche die zum Überleben notwendige Flüssigkeit beziehen. Anhand der im Bild dargestellten Rentierflechte, die unter anderem in der arktischen Tundra anzutreffen ist, lässt sich die Bedeutung dessen gut nachvollziehen. Nebel, Tau und Schnee sind in den bis zu minus 40 Grad kalten Regionen die einzig verfügbaren Wasserquellen. Durch die strauchartig wachsenden Verzweigungen wird möglichst viel Ausdehnung geschaffen, über die die wenig vorhandene Flüssigkeit aufgenommen werden kann. Die filigrane Oberfläche agiert wie ein Schwamm und wird zu einem wirkungsvollen Wasserspeicher. Die Ähnlichkeit zur Silhouette einer Baumkrone kommt dabei nicht von ungefähr. Hier wie dort manifestiert sich in der Verästelung ein perfekt durchdachtes Instrument, das ideal auf die jeweiligen Lebensumstände angepasst ist und Voraussetzung dafür ist, zu überleben.

EXISTENZ IN DER TIEFSEE

Die Verästelung als Überlebensinstrument ist auch in der Tiefsee präsent. Das folgende Bild zeigt eine Kaltwasserkoralle mit dem klangvollen Namen „Lophelia pertusa", die unter anderem vor Norwegen anzutreffen ist und hier mit einer Gorgonie (rot) fotografiert wurde.

Die Korallenbänke im nordöstlichen Atlantik sind Tausende von Jahren alt und siedeln bis in mehrere hundert Meter Tiefe. In der dort vorherrschenden Dunkelheit ist eine Photosynthese unmöglich. Doch die „Lophelia pertusa" hat sich angepasst und kann bei Wassertemperaturen zwischen minus zwölf und vier Grad Celsius gut existieren. Mit ihren baumartig wachsenden Tentakeln erbeutet sie Plankton und andere Nahrungspartikel direkt aus dem Wasser. Um diesen Prozess zu optimieren, richtet sie ihre Verzweigungen so zur jeweils vorhandenen Strömung aus, dass eine optimale Nahrungszufuhr gewährleistet ist – ein weiteres Beispiel dafür, wie effektiv das Prinzip der Verästelung eingesetzt werden kann!

Dies verdeutlicht auch das hier abgebildete Lebewesen, das ebenfalls in der Tiefsee zuhause ist: Ein sogenannter Glasschwamm, der den Namen „Farrea occa errecta" trägt und vor der Küste Hawaiis entdeckt wurde.

Glasschwämme können in Regionen von bis zu 7000 Meter Tiefe leben. Wie die Tiefseekorallen haben sie sich auf das Filtrieren kleiner Organismen, vor allem Bakterien, spezialisiert. Um sich auf dem weichen Untergrund festhalten zu können, bilden sie lange Wurzeln. Mit ihrem verzweigten Überbau sind sie in der Lage, den für die Nahrungszufuhr existenziell wichtigen Filtervorgang maßgeblich zu optimieren. Wie bei den Wurzeln eines Baums sorgt die Verästelung für eine Durchdringung des Raums und damit für die Vergrößerung der Oberfläche. Ein geniales Konzept, das auch in diesem Fall ein Überleben unter erschwerten Bedingungen garantiert.

VON OBEN BETRACHTET

Wie das Prinzip der Verästelung ein Maximum an Funktionalität gewährleistet, zeigt auch die Art, wie sich Flüsse ihren Weg ins Meer bahnen. Das Gesetz der Schwerkraft bringt es bekanntermaßen mit sich, dass Flüsse abwärtsfließen. Ausgehend von ihrer Quelle führen sie auf ihrem Weg Unmengen an Bodenmaterial und aufgelockertem Gestein mit sich, das in Sedimenten abgelagert wird. Mündet der Fluss ins Meer, verliert er seine Schleppkraft und lagert das Material dort ab, wo Fluss und Meer zusammentreffen.

Fangen die Ablagerungen an, den Ablauf zu behindern, sucht sich der Wasser einen alternativen Weg an den Hindernissen vorbei. Schritt für Schritt entsteht so eine Gabelung nach der anderen. Das in der Republik Sacha (Jakutien) gelegene Lena-Delta, das auf dem Infrarotsatellitenbild aus dem Jahr 2000 zu sehen ist, zeigt dies besonders deutlich. Es ist ein sehr gutes Beispiel dafür, wie sich das Wasser mit Hilfe von Verästelungen seinen Weg ins Meer gebahnt hat – insgesamt 150 Flussarme haben sich im Lauf der Zeit herausgebildet. Mit 32 000 Quadratkilometern Gesamtfläche ist das Lena-Delta das größte Flussdelta in der Arktis.

JE VIELSEITIGER, DESTO BESSER

Auch jenseits von Flussmündungen ist das Phänomen der Verästelung zu beobachten, und zwar immer dann, wenn sich aufgrund von Niedrigwasser ein Fluss in kleinere, sich ständig verlagernde Kanäle ausbreitet. In diesem Kontext ist von einem „verflochtenen Flusssystem“ die Rede. Der im Folgenden

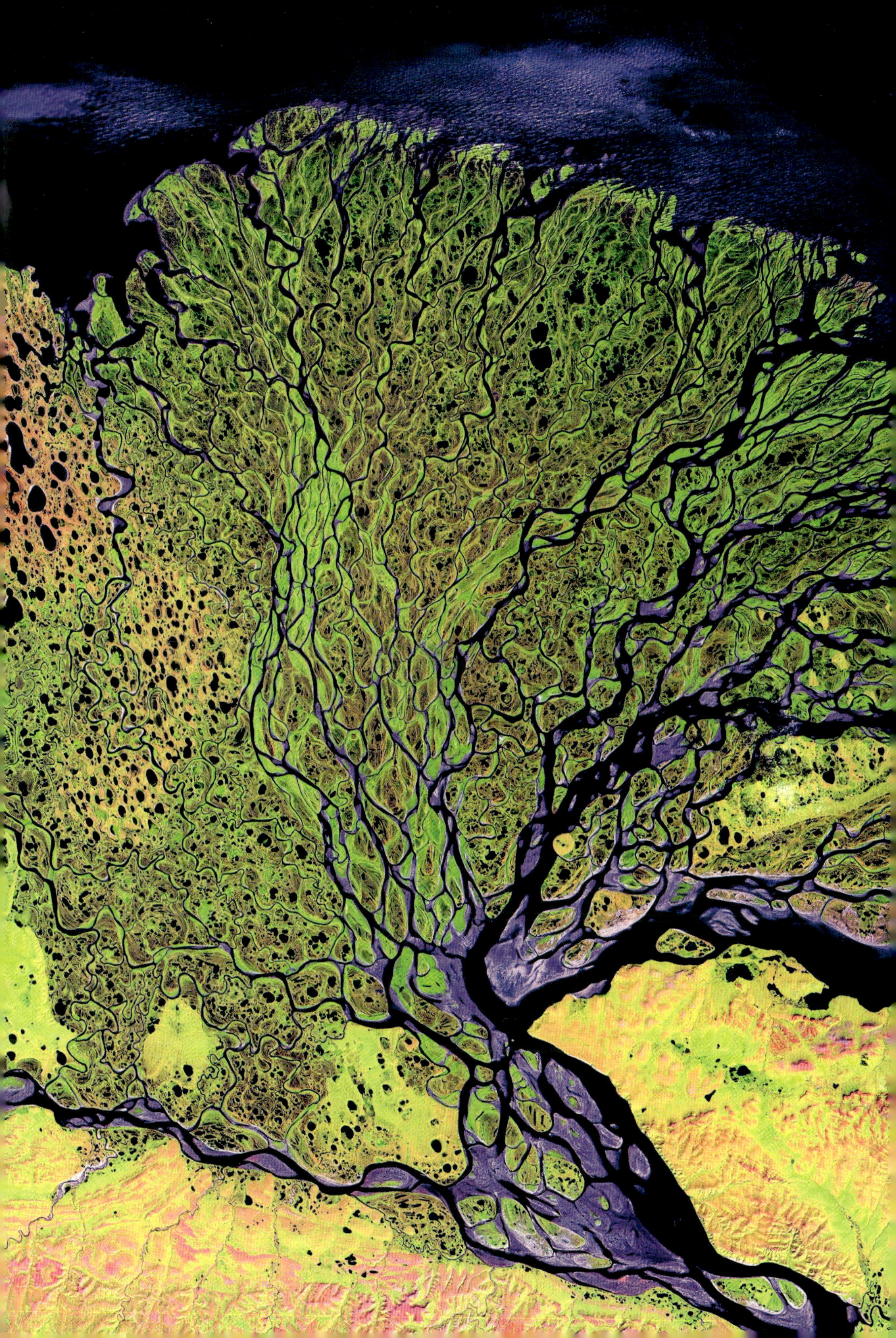

abgebildete Rakaia River (Neuseeland) zeigt deutlich, was damit gemeint ist. Ein „verflochtenes Flusssystem" entsteht immer dann, wenn Wassermengen periodisch stark schwanken. Sind die Abflussmengen zu gering, zum Beispiel in Trockenphasen, bilden sich Sand- und Kiesbänke, die vom niedrigen Wasserfluss umschifft werden. Es kommt also dasselbe Prinzip zum Einsatz wie bei den Gabelungen an der Flussmündung – allerdings mit dem Unterschied, dass der jeweilige Zustand befristet ist. Schon das nächste Hochwasser mischt die Karten wieder völlig neu.

Kontinuierlichen Schwankungen sind auch die zwischen Indien und Bangladesch liegenden Sundarbarns unterworfen, mit einer Ausdehnung von 10 000 Quadratkilometern das größte noch existierende Mangrovengebiet der Welt. Normalerweise brauchen Pflanzen frisches Wasser zum Überleben, doch die Mangroven können auch in salzigem Wasser gedeihen. Das abgebildete Areal liegt in der bengalischen Bucht, in die unter anderem der Ganges und seine Nebenflüsse münden. Sie formen das Ganges-Brahmaputra-Delta, das sich aufgrund des Wechsels von Ebbe und Flut in einem ständigen Wandel befindet. Sie bilden ein flexibles, sich den Umständen anpassendes System, das Wind und Wasser von der häufig von Taifunen heimgesuchten Küstenregion abhält und somit eine wichtige Schutzfunktion ausübt.

Ein Teil der indischen Sundarbans ist als Nationalpark besonders geschützt und wurde 1987 in das UNESCO-Weltnaturerbe aufgenommen. Durch den stetig steigenden Meeresspiegel aufgrund des Klimawandels ist das Gebiet jedoch akut bedroht.

KAPITEL 4

UND WAS LERNEN WIR DARAUS?

Ich weiß nicht, wie es Ihnen geht, aber mich beeindruckt, wie die Natur funktioniert: Hindernisse werden umschifft, Verbindungen – wo keine sind – geschaffen, Optionen ausgelotet, der beste Weg gefunden. Und in allen Fällen spielt das Prinzip der Verästelung als Instrument, das dies überhaupt erst ermöglicht, eine entscheidende Rolle.

„Bionik bedeutet ‚Lernen von der Natur für die Technik'. Der Begriff Bionik setzt sich aus den Worten Biologie und Technik zusammen." [5]

Dass es sich lohnt, die Natur als Modell zu betrachten, zeigt die Bionik – eine Fachrichtung, die zunehmend Beachtung erfährt. Die Bionik beschreibt den Transfer von Anregungen aus der Biologie in die Technik. Dafür arbeiten Biologen eng mit Ingenieuren, Architekten, Physikern, Chemikern und Materialforschern zusammen und nutzen das große Reservoir an biologischen Strukturen und Prozessen, um Produkte zu verbessern oder neu zu entwickeln.

Bei mir hat das Nachdenken über die Natur einen vergleichbaren Impuls ausgelöst, allerdings in eine andere Richtung. Mich interessiert nicht die stoffliche oder technische Ebene. Mich interessieren die Fragen, welche Muster uns die Natur bietet und ob sich eventuell bestimmte Grundsätze ableiten lassen, die wir unserem eigenen Verhalten zugrunde legen können. Ich denke: Ja! Der Verlauf eines Flusses zum Beispiel spiegelt für mich die Fähigkeit wider, sich anzupassen. Die Art, wie ein Baum organisiert ist oder wie Flechten, Korallen und Schwämme selbst widrigsten Umständen trotzen, ruft bei mir die Assoziation „Überlebenskünstler" hervor. In Summe lassen sich diese Eigenschaften unter einem Oberbegriff zusammenfassen: Flexibilität. Eine Fähigkeit, die in der Natur ganz offensichtlich stark ausgeprägt ist. Und bei uns Menschen?

DAS DING MIT DER FLEXIBILITÄT

Wie flexibel sind Sie auf einer Skala zwischen 1 bis 10? Wahrscheinlich antworten Sie: „Kommt ganz darauf an!" Eventuell sagen Sie auch: „Nicht besonders." Die Antwort, die die Ausnahme sein dürfte, lautet: „Also ich bin total flexibel!"

Rekapitulieren wir einmal unseren Alltag: Wir stehen auf, begeben uns an unseren Ausbildungs- oder Arbeitsplatz, eventuell kümmern wir uns um unsere Kinder oder versorgen Angehörige. Kurzum, es gibt geregelte Abläufe – was in Ordnung ist, denn geregelte Abläufe haben viel mit Effizienz zu tun und sind somit durchaus legitim. Der Effizienzgedanke führt allerdings dazu, dass aus regelmäßigen Abläufen Routinen werden, über die wir nicht mehr viel nachdenken. Auch dagegen ist nichts einzuwenden, denn wie wir gelernt haben, liebt unser Gehirn sich wiederholende Tätigkeiten – sie strengen uns weniger an und geben uns ein Gefühl der Kontinuität.

Problemtisch wird es, wenn Eckpfeiler unseres Systems wegbrechen und die Routine damit ihre Grundlage verliert. Der Job wird gekündigt, die Beziehung bricht auseinander, der Vermieter klagt auf Eigenbedarf. Aus einem „Das kann ich mir nicht vorstellen!" wird auf einmal ein „Ich muss!". Ich muss mir einen Job suchen, ich muss allein zurechtkommen, ich muss eine neue Wohnung finden. Kurz: Ich muss mich auf eine völlig neue Situation einstellen, die ich selbst nie gewählt hätte!

Nun gibt es natürlich erhebliche Unterschiede: Wie alt bin ich? Habe ich eine Ausbildung genossen, die mich in die Lage versetzt, nahtlos eine neue Arbeitsstelle zu finden? Bin ich mobil genug, auf ein Jobangebot 300 Kilometer entfernt zu reagieren oder steht meine Familie kopf, wenn ich den Gedanken nur erwähne? Es gibt viele Faktoren, die eine Lösung erschweren können. Aber letzten Endes gibt es nur eine Möglichkeit, mit der Situation umzugehen: Ich muss flexibel sein.

In der Evolution hat dieser Gedanke konsequent Niederschlag gefunden. Die Natur hat sich ihren Bedingungen fortwährend angepasst. Ein Beispiel permanenten Dazulernens ist auch der Mensch – theoretisch zumindest. Denn der Blick ins reale Leben zeigt, dass im Hinblick auf Anpassungsprozesse noch viel Luft nach oben ist. Die Art, wie wir mit Veränderungen umgehen, zeigt dies deutlich: Anstelle sie als einen natürlichen Prozess zu sehen, der in unserem Leben als grundsätzliches Merkmal angelegt ist, erleben wir Veränderungen – vor allem die, die unverhofft in unser Leben treten – in der Regel als Bedrohung. Auch dies ist evolutionär bedingt, das Bedürfnis nach Sicherheit nimmt in unserem Wertekanon einen Spitzenplatz ein. Ereignisse, die diese Wohlfühl-Szenarien ins Wanken bringen, sind uns ein Grauen. Die Bewahrung gegenwärtiger Verhältnisse hingegen steht hoch im Kurs.

Eine groß angelegte „Vermächtnisstudie", die in den Jahren 2015 und 2016 in Deutschland durchgeführt wurde, brachte diesbezüglich interessante Erkenntnisse an den Tag. Eine Schlüsselaussage der Untersuchung lautet: „Die Menschen wünschen sich, dass alles so bleibt, wie es heute ist. Sie wollen Stabilität, sind allerdings unsicher, ob dieser Wunsch in Erfüllung gehen wird." (S. 68) Ist es da ein Wunder, dass wir überfordert

„Für die so genannte Vermächtnisstudie wurden über 3000 Menschen befragt. Im Mittelpunkt standen die Fragen: Wie ist es heute? Wie soll es werden? Wie soll es sein?" [6]

sind, wenn sich Umstände in unserem Leben auf einmal anders darstellen als vorher?

SIND SIE EIN STEHAUFMÄNNCHEN?

Es fällt jedoch auf, dass der Grad der subjektiven Belastung unterschiedlich ausfallen kann. Es gibt nämlich eine Gruppe von Menschen, die noch so heftige Krisenszenarien offenbar nicht aus dem Sattel heben kann. Umgangssprachlich werden diese Menschen gerne „Stehaufmännchen" genannt – als Synonym dafür, dass sie sich durch noch so schwere Schicksalsschläge, Niederlagen oder Misserfolge einfach nicht entmutigen lassen. Die Psychologie bezeichnet diese Fähigkeit als Resilienz und hat sich damit einen Begriff angeeignet, der eigentlich aus der Materialforschung stammt. Stoffe, die die Fähigkeit haben, nach Verformungen wieder die ursprüngliche Form anzunehmen, nennt man resilient. Menschen mit einem hohen Resilienzfaktor sind in der Lage, auf kritische Lebenssituationen flexibel zu reagieren. Sie tun dies, ohne dass ihre Persönlichkeit Schaden nimmt. Ihr Kern, um im Bild der Materialkunde zu bleiben, bleibt unberührt. Die Frage ist, wie Menschen dazu kommen, entweder der einen oder der anderen Gruppe anzugehören, also über eine mehr oder weniger stark ausgeprägte Resilienz zu verfügen.

DIE SCHATTEN UNSERER KINDHEIT

Wie schon im Falle der bereits angesprochenen Selbstwirksamkeit wird der frühkindlichen Prägung eine entscheidende Rolle zugeschrieben. Erfahrungen der ersten Lebensjahre werden als

„inneres Bild" in uns verankert – positiv wie negativ. In unserem späteren Leben wird unsere Wahrnehmung von diesem tief kodierten Wissen gesteuert. Die Psychologen Turnbull und Solms (2004, S. 168) formulieren dies so: Ein Großteil dessen, was uns als selbstverständlich erscheint – die Welt, so wie sie ist –, ist in Wirklichkeit das, was wir über die Welt gelernt haben!

„Mit dem Begriff Resilienz wird das Phänomen bezeichnet, dass es einigen Menschen trotz widriger Umstände (Krisen, Schicksalsschläge, Armut, Krankheit) gelingt, ihre psychische Gesundheit zu erhalten und ein normales Leben zu führen. [...]." [7]

Bedeutet dies nun, dass wir für immer und ewig in unseren frühkindlichen Rastern gefangen sind und keine Chance haben, mit Krisen konstruktiv umzugehen? Zum Glück nicht. Denn nicht alles, was mit der Befähigung zur Resilienz zu tun hat, ist darauf zurückzuführen, welche Prägung wir erfahren haben.

Nach heutigem Wissensstand kann Resilienz durchaus auch im späteren Lebensverlauf erworben werden. Dies geschieht allerdings nicht von allein. Es bedarf eines regelrechten Trainings, mit dessen Hilfe ein besseres Stressmanagement und ein effektiverer Einsatz persönlicher Ressourcen erlangt werden soll. Ein 2014 veröffentlichtes „Resilience-Handbuch", ein von der Kommission der Europäischen Union gefördertes Projekt, liefert hierzu eine gute Übersicht. Ziel sei, „sich selbstbewusster und unabhängiger wahrzunehmen und sich die persönlichen und beruflichen Ziele zu erfüllen." Dargelegt werden Übungen, die dabei helfen sollen, sich auf die Gegenwart zu konzentrieren, das Beste aus dem „Hier und Jetzt" zu machen und so eine Balance zu finden zwischen vergangenheits-, gegenwarts- und zukunftsorientiertem Denken. Ebenso geht es um die Vermittlung von Strategien, Hindernisse und Probleme konstruktiv zu meistern sowie positive Aspekte des eigenen Lebens bewusst wahrzunehmen und Vertrauen in die eigenen Stärken zu schaffen. Für mich hört sich das nach einem guten Plan an, doch funktioniert er auch? Was, wenn ich es trotz eifrigen Bemühens einfach nicht schaffe, stärker und widerstandsfähiger zu sein, weil die Dellen, die mir in meinem Leben zugefügt wurden, einfach zu tief sind? Vielleicht ist es besser, an einer anderen Stelle anzusetzen, zum Beispiel an unserer Art zu denken.

PROGRAMMIERTE LINEARITÄT

Haben Sie schon einmal von dem Begriff „lineares Denken“ gehört? Beim linearen Denken wird aus bekannten Informationen durch logische Schlussfolgerungen ein Ergebnis hergeleitet. Es gibt eine klare Linie zwischen A und B, zwischen Frage und Antwort, Ursache und Wirkung. Lineares Denken wird daher gerne auch als „analytisch“ bezeichnet. Es baut auf der These auf, dass Aufgabenstellungen und Lösungen monokausal zu begründen sind, ebenso wie die Prozesse, die sich daraus ableiten. Diese sehr mechanisch anmutende Herangehensweise ist in unserem Leben weit verbreitet und spiegelt sich auch in unserem Bildungssystem wider: So genanntes Fachwissen hat mehr Gewicht als übergeordnete Problemlösungskompetenz, auf jede Frage gibt es eine Antwort und Thesen müssen stringent untermauert werden.

Dieses Schema hat lange funktioniert. Interessant ist die Tatsache, dass es nun ausgerechnet die Arbeitswelt ist, die nach neuen Ansätzen ruft und einräumt, dass unser tradiertes, eindimensionales Denken vielen Aufgaben nicht mehr gerecht wird. Dieser Impuls kommt nicht von ungefähr: Die Anforderungen, die in Zukunft an Mitarbeiterinnen und Mitarbeiter gestellt werden, verändern sich. An Stelle des linearen Denkens rücken Strategien, die einer zunehmend komplexen und vernetzten Welt gerecht werden müssen. Sich permanent auf Neues einlassen und quer denken zu können, werden immer wichtiger. Das ruft neue Denkweisen auf den Plan. Nur welche?

DIVERGENT, LATERAL, DISRUPTIV

Stellen wir uns einmal folgende Szenarien vor: Ich stehe morgens auf, freue mich auf meinen Kaffee und sehe, der Vorrat ist leer. Ich komme von der Arbeit, gehe in meine Bäckerei und stelle fest, mein Lieblingsbrot ist ausverkauft. Ich will unbedingt joggen gehen, nehme meine bewährte Route und finde heraus, dass sie nach ein paar hundert Metern wegen einer Baustelle gesperrt ist. Wie gehe ich mit diesen Situationen um? Starte ich mit schlechter Laune in den Tag? Kehre ich entnervt ohne mein Training nach Hause zurück und gehe mit knurrendem Magen ins Bett?

Die Beispiele sind lapidar. Aber tatsächlich zeigt sich schon in solchen Situationen ein gewisses Muster: Kann ich mich gut an Veränderungen anpassen und suche direkt nach einer Alternative? Oder gehöre ich zu der Fraktion, die den Kaffee unbedingt zu Hause trinken will und gar nicht einsieht, ein anders Brot zu kaufen?

Trifft Letzteres zu, ist die Wahrscheinlichkeit groß, dass meine Fähigkeit, mich kurzfristig auf eine neue Anforderung einzustellen und eine alternative Herangehensweise zu entwickeln, nur wenig ausgeprägt ist. In diesem Fall sollte ich – sofern ich nicht verärgert und unverrichteter Dinge den Tag abschließen möchte – an mir arbeiten. Zum Glück ist es gar nicht so schwer, von vermeintlich in Stein gemeißelten Überzeugungen abzurücken und einen Sachverhalt auch aus ungewohnter Perspektive anzugehen. Es gibt nämlich Instrumente, mit deren Hilfe Flexibilität regelrecht trainiert werden kann. Ein solches Instrument ist das so genannte „divergente Denken".

Divergentes Denken bedeutet, sich offen, unsystematisch und experimentierfreudig mit einem Thema oder Problem zu beschäftigen. Es ist das Gegenstück zum streng rationalen und logischen Denken und steht für eine Methodik, die nicht strikt auf die Erreichung eines konkreten Zieles ausgerichtet ist, sondern spielerisch an Aufgaben herangeht. Auf diese Art sollen mögliche Denkblockaden überwunden und stereotyp auftretende Einwände bewusst ignoriert werden. Anders ausgedrückt: Informationen dürfen subjektiv und selektiv verwendet werden und nicht jedes Zwischenergebnis muss richtig sein. Im Gegenteil, gedankliche Sprünge und Assoziationen sind ausdrücklich erlaubt.

„Divergentes Denken ist eine wirkungsvolle Denkmethode, die auf kreative Weise Problemlösungen generieren kann, indem verschiedene Denk- und Wahrnehmungsperspektiven eingenommen werden." [8]

Dies gilt auch für das so genannte „laterale Denken", das sich ebenfalls als Gegenstück des linearen Denkens begreift. Auch hierbei handelt es sich um eine kreative Denkmethode, die gezielt in Problemlösungsprozessen eingesetzt werden kann. Im Kontrast zum linearen Denken, das auf bestehenden Denkmustern beruht, soll es bewusst neue Ideen in Gang setzen. Wie beim divergenten Denken wird eine Ausgangssituation explizit nicht als unveränderbar hingenommen. Verschiedenartige Lösungsmöglichkeiten sind erwünscht, selbst dann, wenn operative Argumente dagegensprechen. Wichtig ist, eigene, etablierte Sichtweisen bewusst zu durchbrechen und andere Perspektiven zuzulassen.

Hierzu eine Übung. Sie stammt aus dem Buch „Laterales Denken" von Edward de Bono aus dem Jahr 1989. De Bono war der Begründer der lateralen Denkmethode. Unter anderem mit folgendem Beispiel macht er seine Herangehensweise deutlich: Auf einem Tisch liegt ein Foto. Die eine Hälfte ist abgedeckt. Die andere Hälfte zeigt einen Mann, der auf dem Sims eines Hauses balanciert. Was wird hier dargestellt? Eine Person, die Selbstmord begeht? Oder eine Katze rettet, die sich auf den Sims verirrt hat? Oder handelt es sich um jemanden, der versucht, in ein Zimmer zu gelangen, aus dem er sich selbst ausgesperrt hat?

Was tatsächlich zu sehen ist, ist an dieser Stelle sekundär. Entscheidend ist der Effekt, der sich bei Ihnen beim Lesen eingestellt haben mag. Sie persönlich hatten gerade ein ganz bestimmtes Bild vor Augen – eine andere Person möglicherweise ein ganz anderes. Worauf es de Bono ankommt, ist: Ein und dieselbe Ausgangssituation kann unterschiedlich interpretiert werden, oder anders ausgedrückt, jede einzelne Interpretation hat ihre Berechtigung, ist aber nicht die einzig mögliche. Ebenso verhält es sich mit Lösungen für ein bestimmtes Problem: Eine ganz bestimmte Variante mag uns persönlich als die jeweils richtige erscheinen – aber ist es auch die einzige, die in Frage kommt? Die Prinzipien des lateralen Denkens zugrunde gelegt: Auf keinen Fall!

Es lohnt sich, sich mit diesem Thema zu beschäftigen, denn flexibel mit Situationen und Aufgabenstellungen umgehen zu können, bedeutet keine Infragestellung der eigenen Sichtweise oder Person, sondern im Zweifelsfall eine Bereicherung. Menschen mit einer hohen Flexibilität sind nicht nur in der Lage, schnell und von gängigen Mustern abweichend zu reagieren. Sie können verschiedene Dimensionen der Wirklichkeit wahrnehmen, diese von

„Laterales Denken leitet an zum Ausbrechen aus den Begriffsgefängnissen alter Ideen. Dieses Aufbrechen verändert die Art, sich einem Problem zu nähern. Es führt zur vollkommen veränderten Betrachtung von Dingen, die bisher immer in ein und derselben Weise betrachtet worden sind.“ [9]

unterschiedlichen Blickpunkten aus betrachten und sich damit automatisch einen größeren Handlungsspielraum für mehr Lösungsmöglichkeiten schaffen.

Damit bringen sie auch die Voraussetzung für eine Fähigkeit mit, die viele Experten als eine der Zukunftskompetenzen bezeichnen: die Fähigkeit des disruptiven Denkens. Der Begriff „disruptives Denken" leitet sich aus dem englischen Verb „to disrupt" an, was „unterbrechen" beziehungsweise „stören" heißt. Disruptives Denken bedeutet dreierlei: Bestehendes zu hinterfragen, Umbrüche und Brüche als „normal" anzuerkennen und in nichtlinearen Entwicklungen denken zu können.

Verwendung findet der Begriff fast immer im Kontext der so genannten „Digitalen Transformation". Im Zeitalter der Vernetzung sind Unternehmen dazu gezwungen, sich mit ihren Geschäftsmodellen auseinanderzusetzen und ihre Innovationspolitik neu aufzustellen. Im Zuge dessen gewinnt das disruptive Denken zunehmend an Bedeutung. Sich von bisherigen Standpunkten, Einstellungen, Präferenzen und Entscheidungen verabschieden zu können, wird zur Grundvoraussetzung, neue Lösungen zu finden. Dabei wird die Fähigkeit, sich bewusst von eigenen Perspektiven zu verabschieden und andere Standpunkte einzunehmen, gezielt gefördert.

KAPITEL 5

DAS ARBOREUS-PRINZIP

Ich finde diesen Ansatz – abzuweichen vom eigenen, vermeintlich einzig richtigen Blickwinkel – hochinteressant, und zwar sowohl im beruflichen wie im privaten Kontext. Gelingt es uns, die Strategie des disruptiven, nichtlinearen Denkens auch für Entscheidungen einzusetzen, die in unserem persönlichen Leben anstehen, kommen unter Umständen sehr interessante Lösungsansätze heraus. Das gilt für Situationen, in denen ich aus einem eigenen Impuls heraus eine Veränderung angehe, ebenso wie in Situationen, in denen mir durch äußere Umstände eine Veränderung aufgezwungen wird.

Das Spannende: Die Natur bietet hierfür bestes Anschauungsmaterial! Die Art zum Beispiel, wie Blätter aufgebaut sind, Wurzeln funktionieren, Lebewesen wie Korallen, Flechten oder Schwämme selbst unter widrigsten Bedingungen existieren können – sie alle verbindet ein gemeinsames Muster: Um zu überleben, passen sie sich an ihre Umstände an und halten nicht kategorisch an einer Richtung fest, ganz im Gegenteil. Dass sie existieren, hat mit einem Maximum an Flexibilität zu tun!

Das Instrument, das diese Flexibilität ermöglicht, ist das Prinzip der Verästelung. Ausgehend von dem lateinischen Begriff für Baum, „arbor", möchte ich es das Arboreus-Prinzip nennen. Wo immer es auftaucht, geht es darum, sich von einem Ist-Zustand zu lösen, eine Lösung zu finden, beweglich zu sein. Ein offensichtlich sehr effektiver Weg, ein Ziel zu erreichen.

Wie effektiv, zeigt auch das folgende Beispiel.

DEN BESTEN WEG FINDEN

Wie oft in Ihrem Leben haben Sie schon einen Blitz gesehen? Hundertmal? Tausendmal? Dann ist Ihnen mit Sicherheit auch aufgefallen, dass jeder Blitz eine Vielzahl von Verästelungen aufweist. Diese Verästelungen, die vermeintlich im Nichts enden und offenbar einer völlig willkürlichen Struktur folgen, haben eine ungemein wichtige Funktion. Sie orten die Stelle, wo der Blitz einschlagen kann.

Bis es soweit ist, muss jedoch so einiges geschehen. Zunächst muss sich eine Gewitterwolke bilden, die dadurch charakterisiert ist, dass im oberen Teil ein positives und im unteren Teil ein negatives Ladungszentrum vorhanden ist. Das elektrische Feld zwischen beiden Teilen wächst so lange, bis ein kritischer Punkt erreicht wird. An dieser Stelle kommt der Blitz ins Spiel. Seine Aufgabe ist es, negative Ladung in Richtung Erde zu transportieren und so das vorhandene Spannungsfeld innerhalb der Wolke abzubauen. Damit eine Entladung tatsächlich stattfinden kann, muss der Blitz jedoch eine direkte Verbindung mit der Erdoberfläche eingehen. Und genau diese Stelle muss er erst einmal finden. Hierfür wird ein so genannter Leitblitz in Gang gesetzt, der – bildlich gesprochen – die Rolle eines Sondierungstrupps übernimmt. Er baut sich stufenweise auf und verzweigt sich so lange, bis die für den Blitzeinschlag nötige Verbindung zum Erdboden zustande kommen kann. Dies wird dadurch möglich, dass sich äquivalent zur Ausdehnung eines negativ geladenen Leitblitzes die Konzentration positiver Ladungsträger am Boden erhöht. Exponierte Objekte wie Kirchtürme oder freistehende Bäume sind besonders geeignet, den kritischen Schwellenwert zu erreichen.

Sobald dieser überschritten ist, wird eine so genannte Fangentladung in Gang gesetzt, die in Verbindung mit dem Leitblitz den Kanal bildet, der für die eigentliche Hauptentladung des Blitzes nötig ist. Die Stelle des Einschlags ist deutlich sichtbar, aber auch die vielen Seitenpfade, die der Leitblitze zuvor genommen hat. Genau diese „Zick-Zack-Bewegung" ist das, was wir wahrnehmen, wenn wir einen Blitz sehen, und was ihm seine charakteristische Form verleiht. Faszinierend ist, dass diesem virtuosen, scheinbar völlig ziellosen Hin und Her eine große Bedeutung zukommt, denn es ist genau dieses Ausprobieren, das dem Blitz seinen Weg weist.

NEUES DENKEN ALS SCHLÜSSEL

Für mich liefert die Art und Weise, wie ein Blitz funktioniert, einen Prototyp dafür, wie wir mit Veränderungen umgehen sollten. Unsere eigenen Sichtweisen, Erwartungen, Erfahrungswerte und Überzeugungen stoßen an Grenzen. Nicht alles ist planbar und Ergebnisse stellen sich nicht auf Knopfdruck ein. Daher sind wir gut beraten, unseren Entscheidungen einen möglichst großen gedanklichen Radius zugrunde zu legen und möglichst viele Perspektiven zuzulassen.

Das Arboreus-Prinzip, das auf dem Phänomen der Verästelung aufbaut, liefert hierfür eine faszinierende Vorlage. Mit einem Mehr an Fantasie und Vorstellungsvermögen geht auch ein Mehr an Optionen einher. Je flexibler meine Einstellung, desto größer die Chance, Altes hinter mir zu lassen und offen zu sein für Neues. Genau hierfür steht das Arboreus-Prinzip: Neue Möglichkeiten entstehen durch neues, disruptives und nichtlineares Denken – für Veränderungen eine gute Voraussetzung.

KAPITEL 6

EINE REISE INS ICH

Es ist schon faszinierend: Ohne die Elemente Wasser und Luft können wir nicht leben. Wasser und Luft ihrerseits sind unmittelbar mit dem Phänomen der Verästelung verknüpft. Die Verästelung wiederum ist das Instrument, das Raum durchdringt, Halt gibt, Ausdehnung schafft und hilft, Hindernisse zu überwinden. Dass sich das Neben- und Miteinander unterschiedlicher Verbindungen und Bahnen auch im Inneren unseres Körpers wiederfindet, mutet wie die logische Fortsetzung eines klugen Naturgesetzes an – und genauso ist es auch.

Vergegenwärtigen wir uns Folgendes: Unser Körper bietet nur begrenzt Raum. Dem gegenüber stehen Funktionen, die ein gewisses Maß an Effizienz erfüllen müssen. So pumpt zum Beispiel unser Herz pro Tag bis zu 10 000 Liter Blut durch unsere Blutgefäße und damit ein erwachsener Mensch ausreichend Sauerstoff erhält, werden täglich 12 000 Liter Luft ein- und ausgeatmet.

Was unser Körper leistet, ist ein Höchstmaß an Funktionalität und Effizienz. Der Vergleich mit einer perfekt organisierten Fabrik, in der unsere Organe die Maschinen darstellen, ist keinesfalls abwegig. Da die Fabrik jedoch nur begrenzt Fläche bietet, müssen die Maschinen so konstruiert sein, dass sie trotz limitierter Platzverhältnisse eine maximale Produktivität gewährleisten. Genau so stellt es sich in unserem Körper dar. Er ist so organisiert, dass er das Beste aus seinen Möglichkeiten herausholt. Hierfür haben sich unsere Organe perfekt an die bestehenden Verhältnisse angepasst. Maßgeblich daran beteiligt ist das Prinzip der Verästelung. Es hilft dabei, die beengten Voraussetzungen zu kompensieren. Besonders deutlich lässt sich dies an unserem Gehirn ablesen.

PERFEKTES NETZWERK

Ein reibungsloses Funktionieren aller Organe und Gewebe im Körper ist nur möglich, wenn alle Organfunktionen von einer übergeordneten Kontrollinstanz koordiniert werden. Darüber hinaus müssen alle Informationen, die uns die Umwelt liefert, aufgenommen, bewertet und verarbeitet werden. Diese Aufgabe leistet unser Gehirn.

Anatomisch betrachtet, lässt sich das Gehirn in vier Bereiche untergliedern: das Großhirn, das Kleinhirn, das Zwischenhirn und den Hirnstamm mit Mittelhirn und Nachhirn. Es verbindet alle unsere Organe, Organsysteme und Gewebe miteinander und stimmt sie aufeinander ab. So werden Reize sowohl aus der Umwelt als auch aus dem Inneren unseres Organismus über Rezeptoren aufgenommen, über aufsteigende Nervenbahnen an das Gehirn weitergeleitet und dann im Großhirn und der Großhirnrinde beurteilt und verarbeitet. Das Großhirn ist das größte und am höchsten entwickelte Teil des Gehirns und die höchste Instanz des Zentralen Nervensystems, zu dem neben dem Gehirn auch das Rückenmark zählt.

Verbunden werden die einzelnen Teile des Gehirns durch Milliarden Nervenzellen, die permanent miteinander kommunizieren, am Anfang meines Buches war bereits die Rede davon. Hierfür sind die so genannten Synapsen zuständig, die als „Kontaktstellen" zwischen den Zellen agieren. Diese Kontaktstellen spielen eine wichtige Rolle bei der Verarbeitung sämtlicher Informationen, denen wir tagein, tagaus ausgesetzt sind und die etwa in Form von Hormonen über das Blut oder als elektrische Impulse aus den Sinneszellen über Nervenbahnen bis ins Gehirn gelangen. Dort werden sie, wie bereits beschrieben, bewertet und verarbeitet. Als Reaktion werden entsprechende Signale vom Gehirn wieder ausgesendet – zum Beispiel an Muskeln, um den Körper in Bewegung zu setzen, an Drüsen, um Sekrete zu produzieren und abzugeben, oder an Sinnesorgane, um auf Reize aus der Umwelt zu reagieren.

Dass innerhalb dieser Prozesse das Prinzip der Verästelung eine wesentliche Rolle spielt, lässt sich anhand der nebenstehenden Abbildung grün dargestellten Purkenjezellen wunderbar darstellen: Deutlich zu sehen sind die so genannte Dendriten – genau die, die ich bereits in meinem Vorwort erwähnt habe. Ihre Bezeichnung leitet sich aus dem griechischen Wort „dendron" ab und steht für „baumartig". Warum dies so ist, vermittelt das Bild, das mit Hilfe eines Multiphotonenmikroskops entstanden ist, in eindrucksvoller Weise: Die Verästelungen sind unübersehbar.

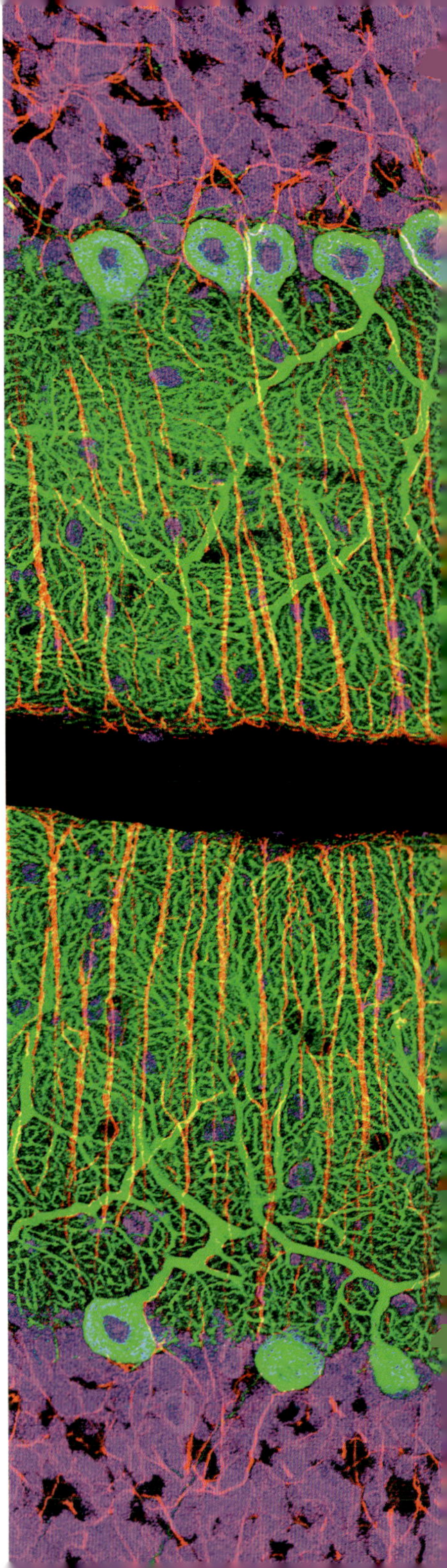

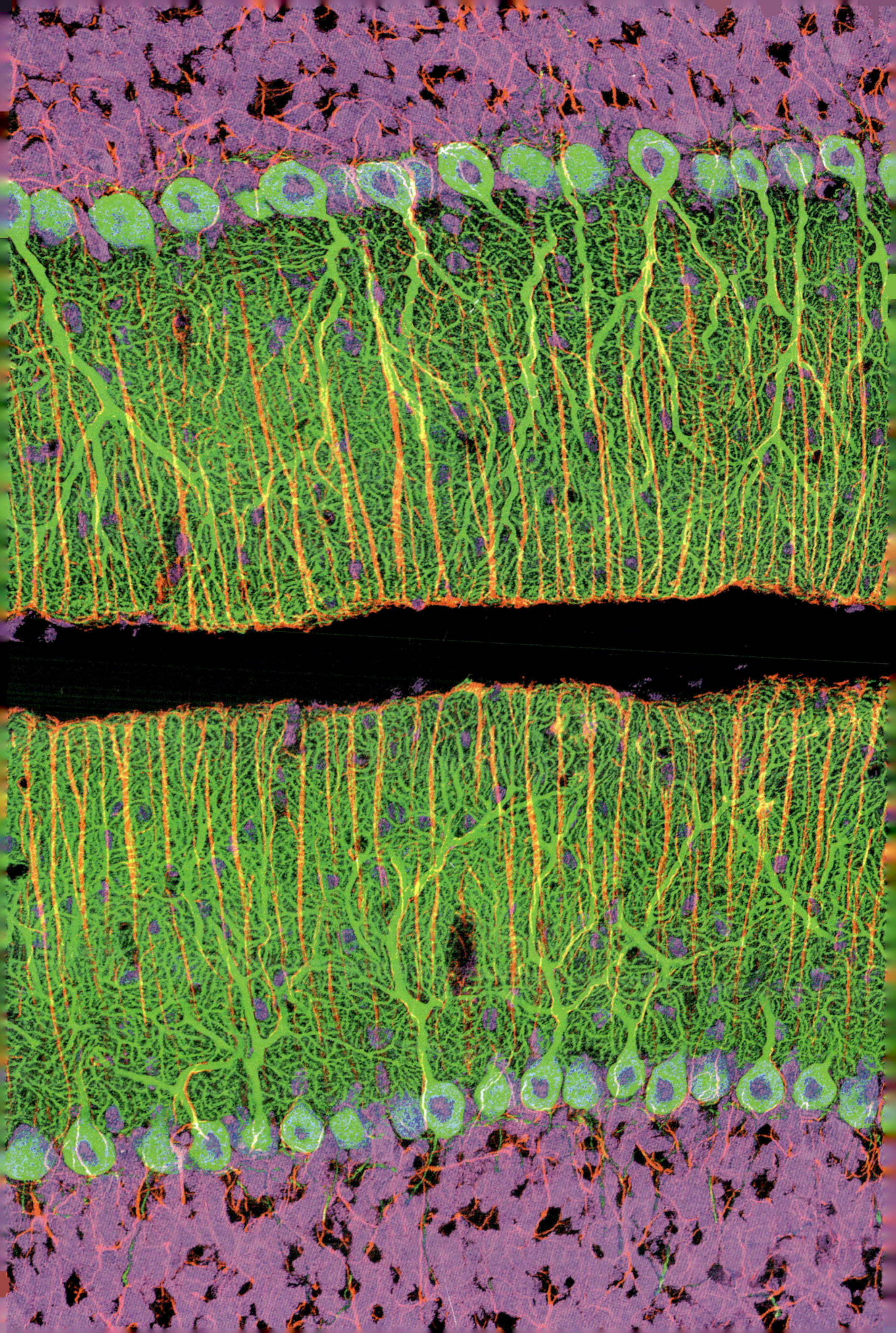

Die wichtigste Funktion der Dendriten besteht in der Aufnahme von Reizen und deren Weiterleitung an die Zellkörper. Diese bilden ihrerseits so genannte Ausgangssignale, die über Axone an andere Nervenzellen weitergeleitet werden. Durch die Verzweigungen vergrößert sich der Radius der Reizaufnahme. Gleichzeitig entsteht eine Art Sondierungssystem. Die Dendriten dienen nämlich nicht nur als Auffangstelle für eintreffende Signale. Sie fungieren zugleich als Filter und schützen damit vor einer unkontrollierten Reizüberflutung.

Hierfür ein Beispiel: Der Reiz einer Berührung wird durch das weitverzweigte Astsystem der Dendriten aufgenommen und zum Zellkörper der Nervenzellen weitergeleitet. Auf dem Zellkörper befindet sich der so genannte Axonhügel – die Stelle, an der das Axon austritt. In diesem Axonhügel summieren sich die von den Dendriten aufgenommenen Erregungszustände. Was nun passiert, ist interessant: Die Reize werden nicht 1:1 übermittelt, sondern ausschließlich dann, wenn eine bestimmte Reizschwelle überschritten wird. Ist dies nicht der Fall, wird die Information auch nicht weitergeleitet.

Dass es diese Filterfunktion gibt, hat einen guten Grund: Sie schützt uns davor, von Sinneseindrücken quasi überrannt zu werden. Diesen beeindruckenden Schutzmechanismus kann man sich aber auch umgekehrt zunutze machen, und zwar dann, wenn gezielt Reize ausgelöst werden, um Verbindungen zwischen Nervenzellen zu aktivieren. Durch häufiges Wiederholen zum Beispiel – also dann, wenn wir etwas lernen oder trainieren – werden Verbindungen zwischen Nervenzellen gestärkt. Um in dem Bild zu bleiben, das ich an anderer Stelle bereits verwendet habe: Es werden neue Pfade angelegt – ein Leben lang!

WUNDERWERK LUNGE

Das Prinzip der Verästelung kommt in einem weiteren überlebenswichtigen Organ zum Tragen: unserer Lunge. Ich muss gestehen, dass ich mir, bevor ich dieses Buch geschrieben habe, nie Gedanken darüber gemacht habe, was sich da eigentlich in unserem Brustkorb so abspielt. Inzwischen bin ich klüger und weiß doch sehr zu schätzen, was sich die Natur hier ausgedacht hat.

Der Lunge ist es nämlich zu verdanken, dass unser gesamter Körper mit Sauerstoff versorgt wird. Indem die Lunge mit unserem Blutkreislauf verbunden ist, wird gewährleistet, dass Sauerstoff ans Blut abgegeben und Kohlendioxid aus dem Körper abtransportiert wird. In jeder Minute fließen hierfür zwischen vier und fünf Liter Blut durch die Lunge.

Doch bevor dies geschieht, muss der Sauerstoff durch unsere Atmung überhaupt erst einmal bereitgestellt werden – ein Prozess, bei dem das Prinzip der Verästelung eine entscheidende Rolle spielt.

Betrachten wir uns hierfür zunächst einmal, wie die Lunge überhaupt aufgebaut ist. Wie auf dem Bild auf der nächsten Seite gut zu erkennen ist, füllt sie fast den gesamten Brustraum aus. Nach unten grenzt sie an das Zwerchfell. In ihrem Aufbau erinnert sie an einen umgedrehten Baum. Den Stamm bildet die Luftröhre, die sich in zwei Hauptbronchien aufteilt. Die Hauptbronchien wiederum führen jeweils in den rechten und linken Lungenflügel und verzweigen sich dort weiter in Bronchien und Bronchiolen, die in den so genannten Lungenbläschen enden.

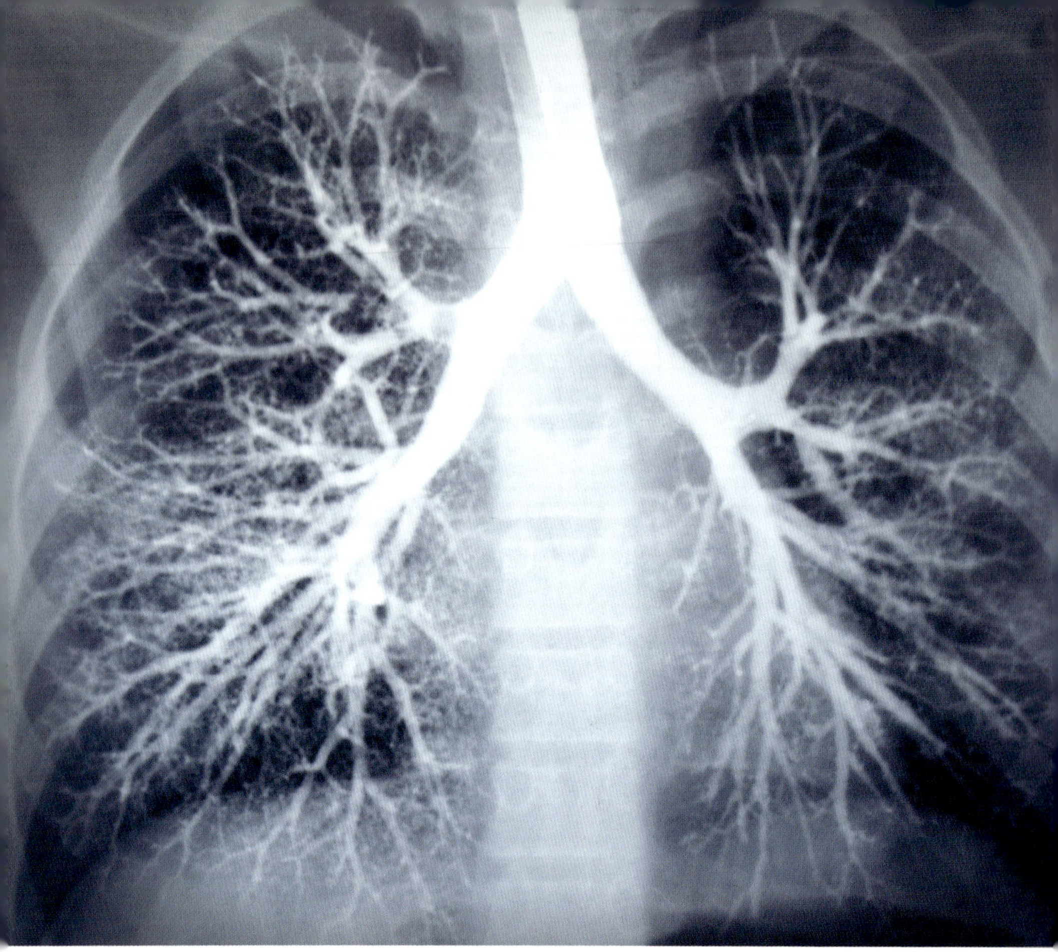

Die Bronchien bilden ein reich verzweigtes Röhrensystem, das als Leitsystem für die Atemluft fungiert. Sie sind innen mit Schleimhäuten und feinen Flimmerhärchen überzogen, um die Atemluft anzufeuchten und zu reinigen. Verunreinigungen sollen an den Schleimhäuten anhaften und durch die Flimmerhärchen wieder nach draußen transportiert werden. Die Lungenbläschen hingegen sind für den Transport der Atemgase notwendig. Sie sind traubenförmig angeordnet und jedes einzelne von ihnen ist von einem feinen Netz von Blutgefäßen umgeben.

Durch die Hülle der Bläschen tritt der Sauerstoff aus der eingeatmeten Luft in die Blutgefäße über. In der gleichen Zeit, in der das Blut Sauerstoff aufnimmt, gibt es auch Kohlendioxid ab, das mit dem Ausatmen entsorgt wird. Hierbei nimmt es den umgekehrten Weg wie der Sauerstoff, aus dem Blut durch die Wände der Lungenbläschen und die Atemwege ins Freie. In diesem Prozess auf ein Maximum an Fläche zurückgreifen zu können, ist überaus relevant: Denn je größer die Ausdehnung, desto mehr Austausch kann stattfinden, das klingt logisch. Doch wie stellt die Lunge die nötige Fläche bereit? Indem sie ausgesprochen wirtschaftlich mit dem ihr zur Verfügung stehenden Platz umgeht: Der Grad der Verästelung sorgt nämlich dafür, dass die schier unfassbare Zahl von 300 Millionen Bläschen in den Lungen Platz findet! Würde man diese 300 Millionen Bläschen nebeneinanderlegen, kämen 100 Quadratmeter zustande! Durch die unzähligen Verzweigungen wird das zur Verfügung stehende Lungenvolumen optimal ausgenutzt.

DAS HERZ-KREISLAUF-SYSTEM

Ein weiteres Musterbeispiel in puncto Effizienz ist unser Herz. Was denken Sie, wie oft es im Laufe unseres Lebens schlägt? Ein Mensch, der 80 Jahre alt wird, kommt auf circa 2,7 Milliarden Herzschläge. In dieser Zeit werden rund 250 Millionen Liter Blut durch den Körper bewegt! Damit das Herz seine Funktion als „Hochleistungspumpe“ erfüllen kann, muss der Herzmuskel permanent mit Sauerstoff und Nährstoffen versorgt werden. Dies erfolgt über die so genannten Koronararterien, die sich in eine Vielzahl von Gefäßen verzweigen und so den gesamten Herzmuskel versorgen können. Die Ähnlichkeit zu einem sich verzweigenden Flusssystem kommt nicht von ungefähr, denn die Versorgung muss auch hier flächendeckend gewährleistet sein. Interessanterweise setzt sich die Verzweigung in unserem gesamten Körper fort: Gemeinsam mit den Blutgefäßen bildet das Herz das Herz-Kreislauf-System. Das Herz fungiert als Pumpe, die Blutgefäße bilden das „Rohrsystem", durch das das Blut zu seinem Bestimmungsort kommt. Die Arterien transportieren das sauerstoffreiche Blut vom Herzen weg, während die Venen das sauerstoffarme Blut wieder zum Herzen zurückführen.

Venen und Arterien sind über ein System von Verästelungen miteinander verbunden, die so genannten Blutkapillare. Sie machen nur rund fünf Prozent aller Blutgefäße in unserem Körper aus, formen aber ein so weit verzweigtes Netz, dass aneinandergereiht eine Gesamtlänge von vielen Tausend Kilometern zustande kommt!

Die Blutkapillare haben eine sehr wichtige Aufgabe: Sie ermöglichen den Austausch von Sauerstoff, Nährstoffen und Stoffwechselendprodukten zwischen den diversen Geweben unseres Körpers und dem Blutkreislauf. Während sich das Blut durch eine Kapillare bewegt, werden Nährstoffe und Sauerstoff in die Körperzellen abgegeben. Gleichzeitig nimmt es Abfallstoffe auf – zum Beispiel Kohlendioxid, das wiederum zur Lunge transportiert und ausgeatmet wird. Es entsteht ein überlebensnotwendiger Kreislauf, der die Versorgung unseres gesamten Körpers gewährleistet. Organe mit regem Stoffwechsel, wie zum Beispiel das Gehirn, die Lungen, die Skelettmuskulatur und das Herz, weisen dabei mehr Kapillare, Gewebe mit einem langsamen Stoffwechsel, wie Sehnen und Bänder, wesentlich weniger auf.

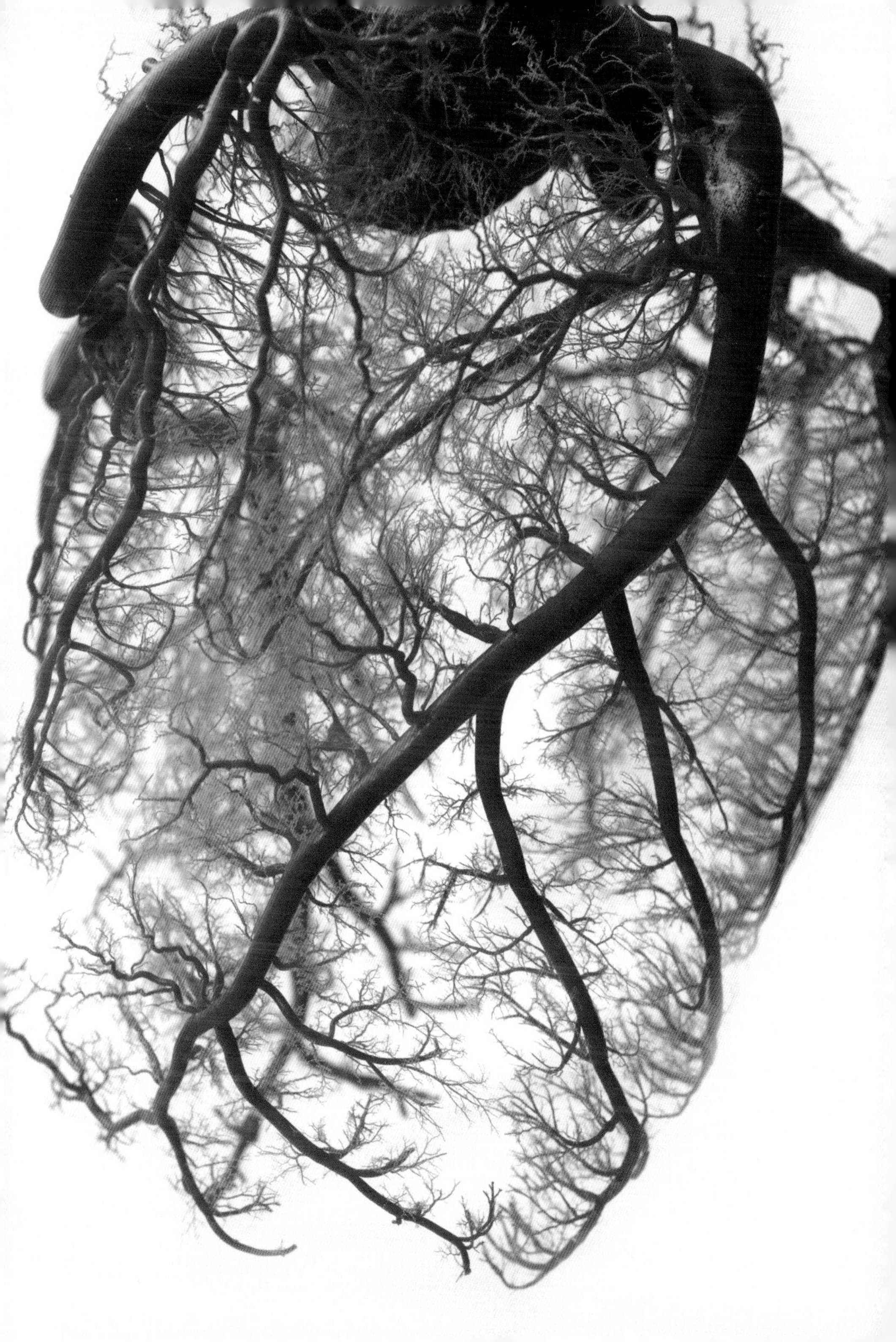

FASZINIERENDE FUNKTIONALITÄT

Die Art und Weise, wie unser Gehirn und unsere Lunge funktionieren und unser Herz-Kreislauf-System aufgebaut ist, ist an Brillanz und Raffinesse nicht zu überbieten. Die Effizienz, die erreicht wird, ist wahrlich bewundernswert. Faszinierend ist, dass das Prinzip der Verästelung in diesem Gesamtkonzept eine entscheidende Rolle spielt: Es schafft Verbindungen, stellt die

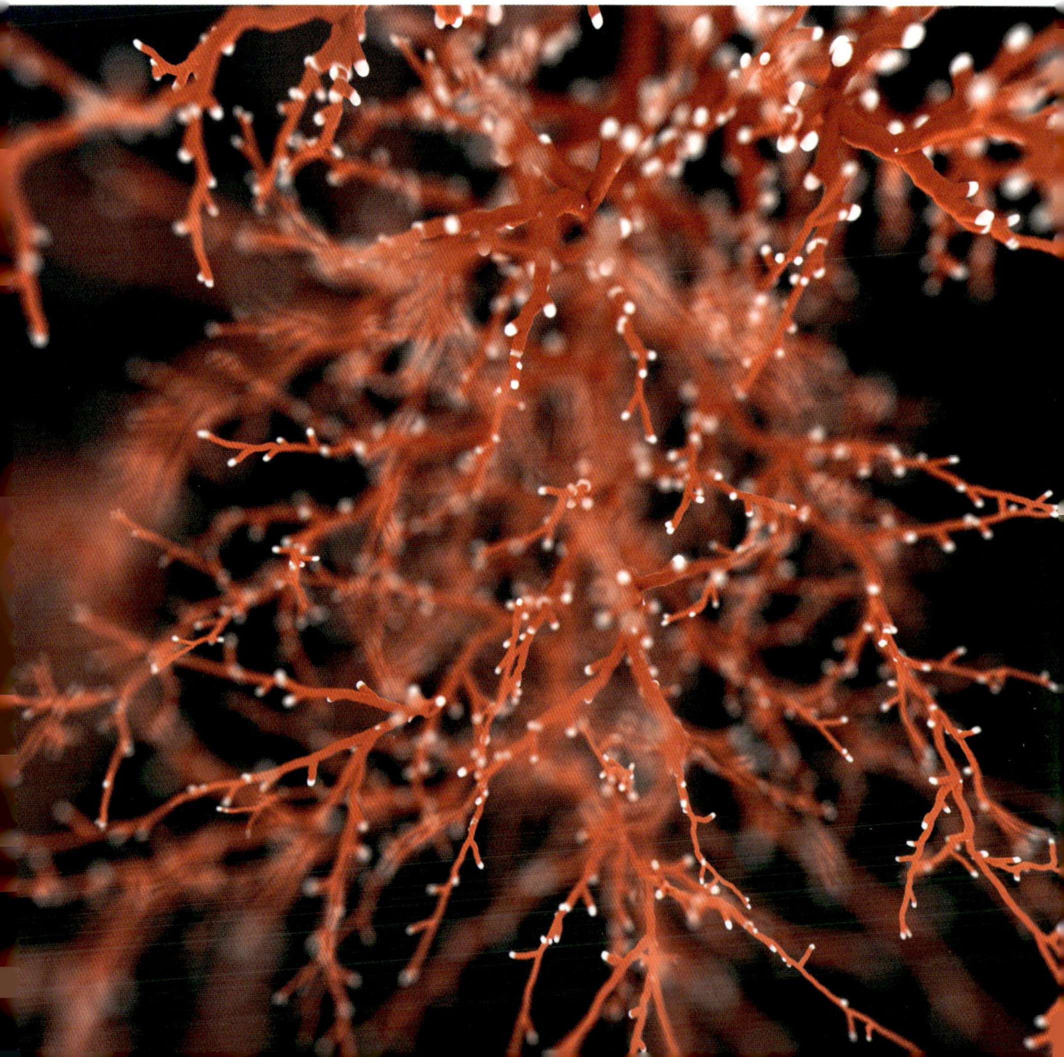

Versorgung sicher, ermöglicht Kommunikation und hilft, vorhandenen Platzmangel perfekt zu kompensieren. Vielfalt, Flexibilität und Beweglichkeit sind die Attribute, die mit dieser Funktionalität einhergehen – ein offensichtlich gutes Überlebenskonzept. Doch was hat das damit zu tun, wie wir Veränderungen angehen, Entscheidungen umsetzen und Neues in Gang setzen?

Viel.

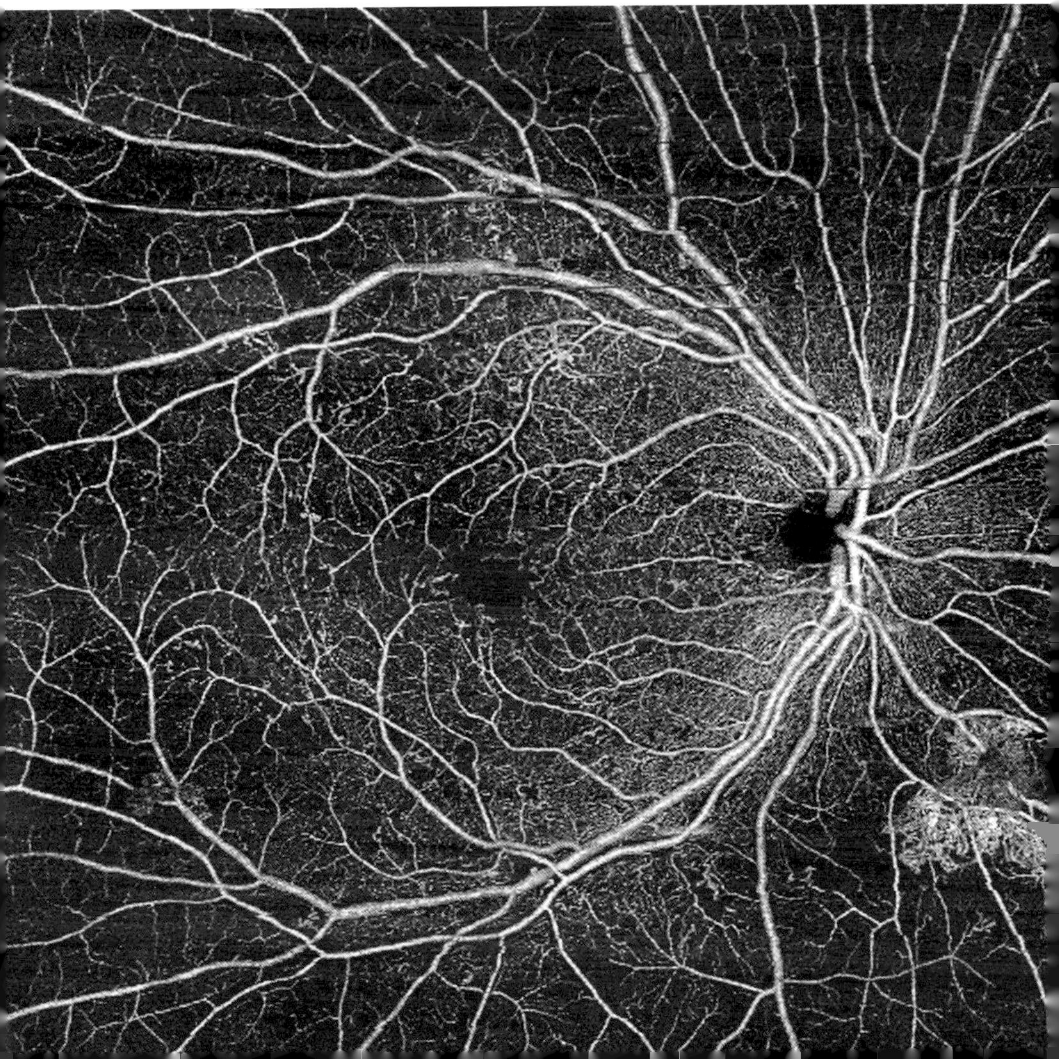

KAPITEL 7
RAUS AUS DER SCHUBLADE

Stellen Sie sich vor, Sie werden mit folgender Aufforderung konfrontiert: Bitte beschreiben Sie sich in zwei Sätzen. Wie reagieren Sie darauf? Ich hoffe gar nicht. Ich finde es abwegig, sich auf zwei Sätze zu reduzieren, aber gemessen an der in unserer Gesellschaft stark ausgeprägten „quadratisch-praktisch-gut-Mentalität" ist der Drang, zu konfektionieren und „auf den Punkt zu bringen", ziemlich stark ausgeprägt. Das bereits erwähnte Schubladendenken, das in unserem Bildungssystem verankert ist, setzt sich in unserer Gesellschaft munter fort.

Auf diese Art und Weise haben sich in unserem Leben viele Raster gebildet: Ich bin entweder Handwerker oder Akademiker, lebe in der Stadt oder auf dem Land, fahre Auto oder Fahrrad, bin Mutter oder berufstätig ...

Woher diese „Entweder-oder-Denkweise" kommt, ist durchaus nachvollziehbar. Historisch betrachtet bilden angestammte soziale, regionale und kulturelle Prägungen die Eckpfeiler unserer Identität. Zu diesen gesellschaftlich tief verankerten „Identitätspfeilern" kommen individuelle Erwartungen hinzu, die von unserer unmittelbaren Umgebung ausgehen und nicht minder schwer wiegen können. All' diese Aspekte ergeben das Koordinatensystem, in dem wir uns bewegen, ob wir es wollen oder nicht.

Doch wie viel hat dieses Koordinatensystem mit uns als Person zu tun? Spiegelt es unser individuelles Profil wider oder agieren wir komplett fremdbestimmt? Ich stelle diese Frage nicht von ungefähr. Es muss uns doch zu denken geben, warum die Anzahl psychischer Erkrankungen zunimmt, immer mehr Menschen mit einem Burnout zu kämpfen haben und psychosomatische Symptome auf dem Vormarsch sind.

In fast allen Fällen spielen einseitige Fokussierungen ursächlich eine Rolle: Ich arbeite zu viel, achte nicht genügend auf meinen Körper, erfülle stets meine Pflichten und kümmere mich zu wenig um mich selbst. Ich funktioniere einfach und vergesse darüber meine eigenen Interessen. Die Aufzählung ließe sich beliebig fortführen. Ich frage mich: Was unterscheidet einen getriebenen, ganz offensichtlich überforderten Menschen von einem ausgeglichenen und zufriedenen?

„In Deutschland sind jedes Jahr etwa 27,8 % der erwachsenen Bevölkerung von einer psychischen Erkrankung betroffen. Das entspricht rund 17,8 Millionen betroffenen Personen.“ [10]

Hierzu gibt es interessante Erkenntnisse: Der seit 2012 regelmäßig von den Vereinten Nationen publizierte „World Happiness Report“ betont explizit, wie wichtig der Aspekt der Wahlfreiheit dafür sei, ob jemand mit seinem Leben zufrieden ist oder nicht. Menschen, die frei darüber entscheiden können, was sie tun, empfinden eine sehr viel höhere Lebensqualität als Menschen, die über diese Wahlfreiheit nicht verfügen beziehungsweise sie nicht nutzen. Eigentlich gut nachvollziehbar. Doch leben wir auch nach diesem Prinzip?

Nur bedingt, werden Sie sagen. Ich bin ja eingebunden in einen gewissen Rahmen, muss genug Geld verdienen, habe Verpflichtungen gegenüber meiner Familie und will auf bestimmte Dinge auch nicht verzichten. Streng genommen gibt es somit eigentlich auch keine Alternativen. Gegen diese Argumente ist per se nichts einzuwenden – solange Sie sich mit dem, was sie tun, identifizieren können und es Ihnen gut geht!

Doch was, wenn Sie das Gefühl haben, dass irgendetwas in Ihrem Leben nicht stimmt, Sie eingebettet sind in einen Kontext, der Sie einengt, Ihnen die Luft zum Atmen nimmt und Ihr eigenes Potential komplett ausklammert? Dann sollten Sie darüber nachdenken, warum Ihnen ganz offensichtlich Ihr Gleichgewicht abhandengekommen ist und was Sie tun können, um es wiederherzustellen.

DER FAKTOR ZEIT

Lassen Sie uns an dieser Stelle eine kurze Rechenübung durchführen. Nehmen wir einmal an, von den 168 Stunden einer Woche gönnen Sie sich knapp 60 Stunden Ihren wohlverdienten Schlaf. Was die restliche Zeit angeht: Wie viele Stunden verwenden Sie auf Ihren Beruf? Wie viele bringen Sie sich für andere ein, zum Beispiel für Familie oder Freunde? Und wie viele Stunden haben Sie effektiv für sich?

Sie haben diese Rechnung in dieser Form noch nie angestellt? Dann wird es aber Zeit. Es ist nämlich durchaus sinnvoll, sich einmal damit zu beschäftigen, wie der eigene Alltag gestaltet ist: Sind Sie gefühlte 24 Stunden am Tag vornehmlich für andere da? Haben Sie immer nur Ihren Beruf oder andere Aufgaben im Kopf oder wenden Sie sich ab und zu auch sich selbst zu und dürfen zur Besinnung kommen? Anders ausgedrückt: Dient Ihr Leben vornehmlich der Pflichterfüllung und geht es nur noch darum, zu funktionieren? Oder gibt es auch Anteile, die Sie sich selbst widmen dürfen?

Wenn es Ihnen leichtfällt, diese Fragen positiv zu beantworten, dürften Sie zu den Menschen gehören, die ihr Leben einigermaßen ausgewogen organisiert haben und einen gesunden Anteil Selbstbestimmung in ihrem Leben aufweisen. Fühlen Sie sich hingegen gerade so gar nicht wohl in Ihrer Haut, mag dies dafürsprechen, dass Ihnen meine Fragen unangenehm sind. In diesem Fall könnte es sein, dass Ihr Leben mit Wahlfreiheit nicht viel zu tun hat. Trifft das zu?

SELBST- UND FREMDBESTIMMT

Ich frage dies ohne jeden negativen Unterton. Ich weiß, wie es ist, bestimmte Umstände einfach zu akzeptieren und funktionieren zu müssen. Alle, die zum Beispiel die Erfahrung gemacht haben, als Alleinerziehende Kinder großzuziehen, einen Angehörigen zu pflegen oder schlicht für die Versorgung der Familie verantwortlich zu sein, können ein Lied davon singen: Selbstbestimmung kann schnell zum Fremdwort werden.

Genau hier setzt allerdings ein wichtiger Gedanke an: Je mehr „Pflichtanteil" im eigenen Leben vorhanden ist, desto wichtiger ist es, für „Ausgleichsflächen" zu sorgen. Für Zeitfenster zum Beispiel, in denen das reine Funktionieren einmal hintangestellt werden darf. Oder in denen ganz andere Seiten zum Vorschein kommen dürfen als die, die im normalen Alltag gefragt sind. Das klingt einfach, ist es aber nicht.

Besagte Raster, von denen am Anfang dieses Kapitels die Rede war, sorgen nämlich dafür, dass wir uns selbst schwer damit tun, bestimmte Rollen und Erwartungen an uns hinter uns zu lassen. So kommt es, dass wir vieles von dem, was wir eigentlich möchten, konsequent ignorieren. Wir hören auf, über uns und unsere Bedürfnisse nachzudenken. Auf diese Art und Weise verlieren wir nicht nur den Bezug zu uns selbst, sondern auch den Blick dafür, wer wir eigentlich sind.

Der Psychoanalytiker und Philosoph Erich Fromm hat in diesem Zusammenhang in seinem Buch „Authentisch Leben" die These formuliert, dass der Mensch sich nicht mehr als „etwas Eigenes" erlebe, von sich selbst entfremdet sei und sich stattdessen ein bestimmtes Persönlichkeitsprofil „überstülpe". Die Identifizierung mit dem inszenierten Selbsterleben könne so weit gehen, dass für den Betreffenden nur noch mit Mühe erkennbar sei, wer er eigentlich ist (S. 7 ff./2009).

Trifft dies zu, haben wir ein gehöriges Problem: Wie sollen wir uns verändern, wenn wir gar nicht wissen, in welche Richtung? Wenn uns nicht klar ist, wer wir eigentlich sind, münden all' unsere Bemühungen, unser Denken zu ändern, an unserer Resilienz zu arbeiten oder in unserem Gehirn neue Pfade anzulegen, ins Leere. Wer ernsthaft an Veränderung interessiert ist, wird also nicht darum herumkommen, den Blick nach innen zu richten und sich mit sich selbst zu beschäftigen.

DAS EIGENE ICH IM VISIER

Das ist gar nicht so leicht. Es gibt jede Menge Klischees, die dazu führen, dass wir uns nicht durch unsere eigenen Augen sehen, sondern durch die anderer. Sehr genaue Vorstellungen darüber, wer sich wie in bestimmten sozialen und beruflichen Gefügen zu verhalten hat, sind in unserem Leben treue Begleiter. Mütter bleiben die ersten drei Lebensjahre ihrer Kinder zu Hause, Männer sind für den Lebensunterhalt ihrer Familie zuständig, Schulabgänger machen eine „ordentliche Berufsausbildung", ältere Frauen haben keine jüngeren Partner und Senioren keinen Sex. Diese Aufzählung ließe sich problemlos weiterführen.

Angesichts dessen herauszufinden, was die eigene Persönlichkeit ausmacht, ist unter Umständen eine echte Herausforderung. Es gibt so einige Schichten, die zu durchdringen sind. Konventionen, Erwartungen, Gewohnheiten und Routinen müssen beiseite gerückt werden, um zum eigenen Wesenskern vorzudringen. Zu klären sind gleich mehrere Fragestellungen: Welchen Einflüssen und Erwartungen bin ich ausgesetzt, auf welches Rollenbild werde ich festgelegt? Welcher Teil in meinem Leben ist authentisch und welcher aufgesetzt? Was ist mir wichtig in meinem Leben – und nicht meiner „besseren Hälfte", meinen Kindern, meinen Eltern, meinen Freunden? Was in meinem Leben ist durchaus so, wie ich es mir vorstelle und soll so bleiben, wie es ist? Was hingegen steht auf meiner inneren „Wunschliste"? Was würde ich gerne unbedingt einmal tun? Oder gibt es sogar grundlegende Änderungen, die ich gerne umsetzen würde?

UNSERE INNERE LANDKARTE

Beantworten können wir diese Fragen nur, wenn wir unsere „innere Landkarte" kennen und wissen, was für uns von Bedeutung ist und was nicht. Unsere Aufgabe ist es, unser eigenes Ich ausfindig zu machen – das, was uns von anderen unterscheidet und was uns ausmacht, ungeachtet dessen, was von anderen erwartet wird.

Wer sich selbst entfremdet ist, um den Gedanken von Erich Fromm noch einmal aufzugreifen, erkennt sein eigenes, vielseitiges Muster nicht. Aber genau dieses Muster ist es – das Wissen um die eigene Besonderheit und die eigenen Bedürfnisse, das uns ein selbstbestimmtes Leben ermöglicht.

In diesem Zusammenhang auf das Arboreus-Prinzip zurückzugreifen, ist eine hilfreiche Strategie. Rufen wir uns noch einmal die Form eines Blattes vor Augen: Es gibt einen Anfangspunkt, von dem diverse Bahnen abgehen, die sich in mehrere Richtungen verästeln. Zu erkennen ist eine klare Struktur, die sich aus unterschiedlichen Bereichen zusammensetzt, vergleichbar einem Puzzle, das ein Gesamtbild ergibt. Wir können diese Struktur auch der Betrachtung von uns selbst zugrunde legen. Die einzelnen Parzellen stehen für unsere verschiedenen Anlagen und Bedürfnisse. Manche sind größer, manche kleiner ausgeprägt. In Summe ergeben sie ein zusammengehöriges Ganzes.

Wenn es uns gelingt, dieses vielschichtige „Ganze" freizulegen, sind wir in der Lage, uns zu verorten und darüber zu entscheiden, welche Veränderungen für uns wichtig sind und welche nicht. Wir sind auch in der Lage, uns zu distanzieren von Menschen, die gerne ihre Vorstellungen auf uns projizieren möchten und uns von Veränderung fernhalten wollen. Das Arboreus-Prinzip ist wie ein Gerüst, das uns hilft, uns zu definieren und abzugrenzen. Genau das wiederum macht die zuvor erwähnte Wahlfreiheit aus: Ich tue nicht das, was ich muss, sondern das, was mir entspricht und ich für richtig halte.

ICH BIN VIELE

In diesem Kontext eine Innenschau frei von Denkverboten und Selbstblockaden betreiben zu können, ist ausgesprochen nützlich. Wer allerdings ein festgefügtes Selbstbild hat und in ein enges Koordinatennetz aus Erwartungen und Verpflichtungen eingebettet ist, wird sich schwer damit tun, die eigene „innere Landkarte" wahrzunehmen.

Hier hilft nur die kritische Selbstreflexion oder aber der spielerische, ergebnisoffene Ansatz, sich auf eine Entdeckungsreise zu begeben mit dem Ziel, sich selbst besser kennen zu lernen. Dabei geht es nicht darum, komplett mit allem Bestehenden zu brechen. Es geht vielmehr um die Frage, was über den Status quo des jeweiligen Lebens hinausgehen sollte: Welche Bedürfnisse habe ich und welche Seiten, Gaben und Talente stecken möglicherweise in mir, durften aber bislang nicht zum Vorschein kommen? Und was hilft mir, ein zufriedeneres, ausgefülltes und gesünderes Leben zu führen?

MUT ZUM PERSPEKTIVWECHSEL

Zum Glück gibt es Menschen, die diesen Prozess unterstützen können und Situationen oder Bedingungen schaffen können, in denen von Rastern bewusst abgewichen werden kann. Solche Situationen versetzen uns in die Lage, uns einmal ganz anders zu erleben, als dies in unserem normalen Alltag üblich ist. Dies kann in Gruppen- oder auch in Einzelarbeit erfolgen, in Kreativ-Workshops, Rollenspielen, einem Survival-Camp oder einem Meditationswochenende im Kloster. Vielleicht ist es aber auch einfach ein einwöchiger Nur-ich-Aufenthalt am Meer, der mir dabei hilft, mir einmal näherzukommen.

Entscheidend ist, dass ein Rahmen geschaffen wird, in dem Seiten zum Vorschein kommen dürfen, die im normalen Leben keine Präsenz haben. Ziel ist, mehr über unsere innere Landkarte zu erfahren und besagtem „Gerüst" näherzukommen, das unsere Persönlichkeit ausmacht. Indem wir gezielt Türen aufstoßen, die im normalen Alltag verschlossen sind, versetzen wir uns in die Lage, uns ganzheitlicher wahrzunehmen

und darauf aufbauend die Veränderungen anzugehen, die uns zu einem besseren Leben verhelfen. Das Arboreus-Prinzip mit seinen unzähligen Verästelungen und Möglichkeiten liefert hierfür das Modell: Wir sind viel mehr, als wir scheinen. Wir müssen es nur wahrnehmen!

„Die Tragödie unseres Lebens ist nicht, dass wir keine Talente haben, sondern dass wir versäumen, die zu nutzen, die wir haben." [11]

LIEBER DEN SPATZ IN DER HAND ...

Ob dieser Erkenntnis in einem zweiten Schritt auch Handeln folgt, steht allerdings auf einem anderen Blatt. Wenn Veränderungsbedarf entsteht, weil wir auf einen äußeren Impuls reagieren müssen, ist das eine Sache. In einer solchen Situation stellt sich nicht die Frage, ob eine Veränderung erfolgt, sondern wie.

Wenn es jedoch darum geht, aus eigenem Antrieb heraus eine Veränderung anzugehen, stellt sich das Ganze anders dar. Gleich mehrere Hindernisse können sich in den Weg stellen: ein zu schwach ausgeprägtes Selbstbild zum Beispiel oder negative Glaubenssätze; es war bereits die Rede davon. Ein stark ausgeprägtes Bedürfnis nach Sicherheit kann ebenfalls von einer Veränderung abhalten, frei nach dem Motto: „Lieber den Spatz in der Hand, als die Taube auf dem Dach!"

Ein weiterer Aspekt ist die Befürchtung, anzuecken, Erwartungen nicht gerecht zu werden, sich unbeliebt zu machen. Wir sind darauf getrimmt, zu gefallen und zu funktionieren, am besten ein Leben lang. Handlungen, die nicht ins Raster passen, das sinnfreie Ausprobieren von Optionen oder gar Phasen des Nichtstuns sind exotische Ausnahmen, die allenfalls geduldet, aber nicht offensiv unterstützt werden. So genannte alternative Lebensformen werden als störend wahrgenommen und Handlungsweisen, die nicht der so genannten Norm entsprechen, werden als exzentrisch abgetan. Es ist schwer, sich dem entgegenzustellen und den eigenen Weg zu gehen! Die Folge ist, dass stromlinienförmige Biografien und die Wahrung stereotyper Geschlechterrollen die Regel und nicht die Ausnahme sind.

GEGEN DEN STROM

In der Natur ist eine derartige Eindimensionalität nicht vorgesehen, das Motiv der Verästelung führt uns das deutlich vor Augen. Stellen Sie sich unsere Organe als eine gerade Linie vor – die gesamte Funktionalität wäre in Frage gestellt! Anstelle dessen gibt es ein virulentes Nebeneinander, das sich durch Vielfalt und Dynamik definiert; schier endlose Verästelungen zeigen eine Vielzahl von Wegen auf.

Das Arboreus-Prinzip lädt dazu ein, diese Dynamik auch darauf zu übertragen, wie wir uns selber sehen und wie wir unser Leben ausrichten. Kein Mensch ist wie der andere und das, was unseren Wesenskern ausmacht, baut auf einer beeindruckenden Vielfalt auf. Wir sollten diese Vielfalt auch zulassen – in Bezug auf andere, aber auch in Bezug auf uns selbst. Wer ein zufriedenes Leben führen möchte, sollte sich darüber klar werden, wie sich die persönliche Landkarte zusammensetzt und wie diese Landkarte ins eigene Leben übersetzt werden kann. Auch dann, wenn es nicht unbedingt leicht ist.

KAPITEL 8

ZEHN ANLÄUFE, EIN ERFOLG

Dass es durchaus anstrengend sein kann, den eigenen Weg zu gehen, habe ich immer wieder erlebt. Ich bin seit mehr als zwanzig Jahren selbständig. Neue Aufträge ließen mitunter auf sich warten und ich musste mir überlegen, wie es weitergeht. Diese Szenarien waren durchaus bedrohlich. Wenn das Plus auf dem Konto dahinschmilzt und Rechnungen bezahlt sein wollen, steigt die Nervosität merklich. In einer solchen Situation gibt es nur zwei Möglichkeiten: Du bist das Kaninchen vor der Schlange und wirst gefressen, oder du tust etwas. Ich entschied mich für Letzteres. Als zeitweise Alleinerziehende mit zwei Kindern gab es, um ehrlich zu sein, auch gar keine Alternative. Also hieß es, in die Offensive gehen, Aufwand betreiben, ohne zu wissen, was am Ende dabei herauskommt und ob es sich überhaupt lohnen würde.

Tatsächlich mündete eine ganze Menge meiner Anstrengungen im Nichts, Gespräche schlossen ab mit einem gönnerhaften „Vielleicht beim nächsten Mal!", Anschreiben kamen ungeöffnet zurück. Einen positiven Effekt hatten meine Bemühungen jedoch immer: Es gelang mir jedes Mal, aus den diversen Talsohlen herauszukommen und wichtige, neue Impulse für neue Vorhaben in Gang zu setzen. Denn einer der vielen Anläufe, die ich unternahm, brachte den erhofften Erfolg mit sich und katapultierte mich aus dem Krisenszenario wieder heraus. Hätte ich mich nicht bewegt, wäre dieser Effekt nicht eingetreten. Jeder Umweg, den ich gehen musste, hatte somit seinen Sinn.

RAUS AUS DER KOMFORTZONE

Seinen Sinn hatte auch, dass ich bereit war, meine Komfortzone zu verlassen. Im Rahmen meiner diversen „Rettungsanläufe" musste ich oft Aufgaben übernehmen, die echtes Neuland bedeuteten. Meine erste Moderation zum Beispiel (es ging um eine große Firmenveranstaltung) erfolgte ohne jede Bühnenerfahrung; zum Glück wusste dies niemand. Das Risiko, mich zu blamieren, war dementsprechend groß. Interessanterweise waren es rückblickend betrachtet jedoch genau die Aufgaben mit der größten Fallhöhe, die die intensivsten Erfolgserlebnisse ausgelöst haben und mich auch in meiner persönlichen und beruflichen Entwicklung deutlich nach vorne gebracht haben. Gleich mehrere Erkenntnisse habe ich aus diesen Erfahrungen abgeleitet: Erstens, es ist nicht alles planbar. Zweitens, es geht verdammt oft zwei Schritte vor und drei zurück. Drittens habe ich mich mitunter in eine Richtung bewegt, die sich als völlig falsch erwies. Viertens: Durch die Bereitschaft, Umwege in Kauf zu nehmen, gelangte ich dennoch ans Ziel. Und fünftens: Auch wenn es mitunter durchaus eine Belastung war, es war richtig, an meinem grundsätzlichen Kurs, als Selbständige mein Geld zu verdienen, festzuhalten.

Nun muss ich hinzufügen, dass ich mich mit meiner Firma in einem Bereich bewege, in dem ich nie große Investitionen tätigen musste. Überspitzt formuliert ist alles, was ich brauche, ein Laptop, ein Telefon und eine Internetverbindung. Zudem arbeite ich in einem Metier, das sehr viele unterschiedliche Spielarten zulässt und einen flexiblen Handlungsrahmen bietet. Es war daher möglich, mein Leistungsangebot auf sehr unterschiedliche Bedarfsszenarien anzupassen. Dennoch musste ich immer wieder Ängste überwinden, Bedenken ignorieren und Unsicherheiten bewältigen. Auch die Gehälter meiner MitarbeiterInnen wollten bezahlt sein. Doch das war es mir Wert. Denn trotz aller Widrigkeiten, Unberechenbarkeiten und der Abhängigkeit von Entwicklungen, auf die ich keinen Einfluss hatte: Ich habe mir ein Leben ermöglicht, das im Wesentlichen meinen Vorstellungen entsprach – immer wieder Neues dazulernend, Herausforderungen meisternd und nicht wirklich wissend, was der nächste Tag bringt. Menschen, die die Kontinuität lieben und ihr Leben gerne durchplanen, sind derartige Überlegungen natürlich ein Grauen. Und der Ratschlag, den ich öfter zu hören bekam, lautete naturgemäß: Bemühe dich doch um eine Festanstellung. Aber genau das wollte ich nicht. Mich in einem Rahmen zu bewegen mit einem Maximum an Unsicherheit auf der einen und einem großen, individuellem Handlungsspielraum auf der anderen Seite, war meine Wahl. Die Nachteile nahm ich in Kauf, von den Vorteilen profitiere ich bis heute. Es gehört natürlich eine gewisse Konsequenz dazu, einen solchen Weg zu gehen. Zu sich zu stehen, heißt unter Umständen, Unverständnis auslösen, in einer Sackgasse landen, Ängste überwinden und Mühen aufwenden, die erst auf den fünften Blick fruchten. Wer ein selbstbestimmtes Leben führen will, wird jedoch nicht umhinkommen, die eigene Komfortzone zu verlassen und diese Dinge in Kauf zu nehmen. Wer A sagt, muss auch B sagen. Das kostet Kraft. Ich kann daher alle verstehen, die nur schwer dafür zu gewinnen sind, sich auf etwas einzulassen, dessen Ausgang ungewiss ist und für das es keine Erfolgsgarantie gibt.

ALLES HAT SEINEN PREIS

Es lohnt sich jedoch, darüber nachzudenken, was uns unsere Wahlfreiheit wert ist und uns im Zweifelsfall davon abhält, diese Wahlfreiheit auch umzusetzen. Besteht der Grund in äußeren Umständen (mangelndes Geld, zu wenig Zeit …) oder liegt der Hinderungsgrund in uns selbst? Haben wir zum Beispiel

Bedenken, wie unsere Umgebung reagiert? Fürchten wir, nicht die nötige Kraft aufzubringen oder haben wir schlicht Angst zu scheitern? Fakt ist: Es wird immer Argumente gegen eine Entscheidung geben. Und mit je mehr Konsequenzen eine Entscheidung einhergeht – quantitativ wie qualitativ –, desto massiver werden diese Argumente ausfallen. Ich muss also Position beziehen: Will ich meinen Weg gehen oder nicht?

Wie es gelingen kann, eine Entscheidung auch umzusetzen, zeigt erneut der Blick auf die Natur. Wie ein Blitz seinen Weg sucht, ist ein gutes Beispiel: Der Leitblitz sondiert die Lage und bewegt sich in diverse Richtungen, bevor der Hauptblitz erfolgreich in Gang gesetzt wird. Dem Ziel geht ein Weg in Etappen voraus. Eine gute Anregung vermittelt auch der Wachstumsprozess einer Wurzel: Sie verzweigt sich, teilt sich auf, verfeinert sich in Milliarden haarfeiner Spitzen, die mit Hilfe von Tastzellen Hindernisse orten und sie umgehen. In kleinen Schritten vorzugehen und dabei auch Umwege in Kauf zu nehmen, ist in der Natur eine funktionale Strategie, die auch große Anforderungen bewältigen hilft. Für mich ist die Botschaft, die sich daraus ableiten lässt, ganz klar: Es gibt nur eine Form, einen Berg zu bewältigen – Schritt für Schritt. Das mag etwas länger dauern, aber es führt zum Ziel.

Im Arboreus-Prinzip ist dieser Gedanke fest verankert. Etwas, was ich mir partout nicht zutraue, wird auf einmal berechenbar! Entwicklungen verlaufen nicht abrupt von null auf hundert, sondern in Etappen. Wenn etwas nicht sofort funktioniert, ist das kein Scheitern, sondern ein Teil des Ganzen. Mit dieser Sichtweise verringert sich der Druck, der mit einer Entscheidung einhergehen mag, erheblich und ich erhöhe die Chance, mein Ziel zu erreichen, um ein Vielfaches.

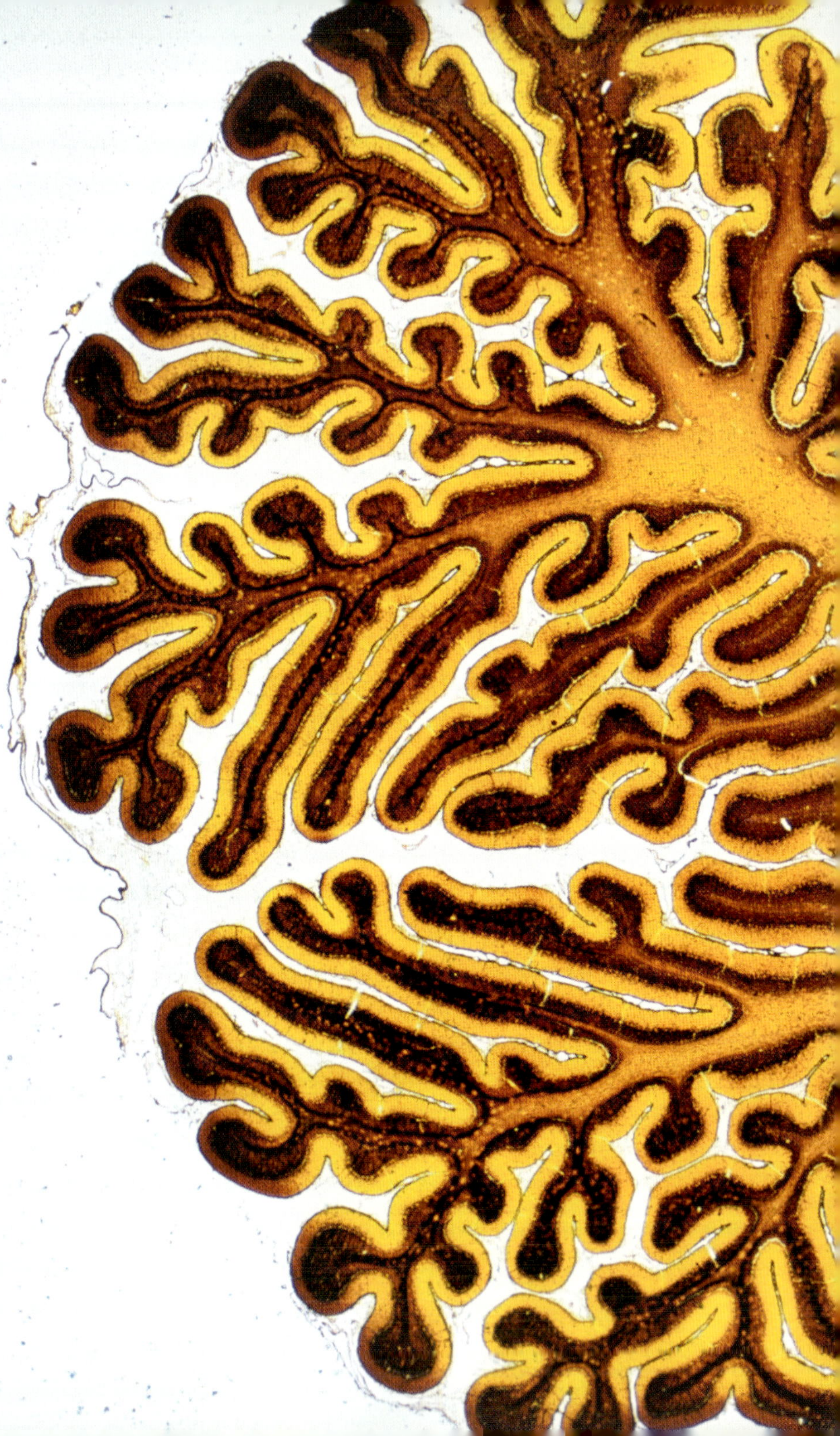

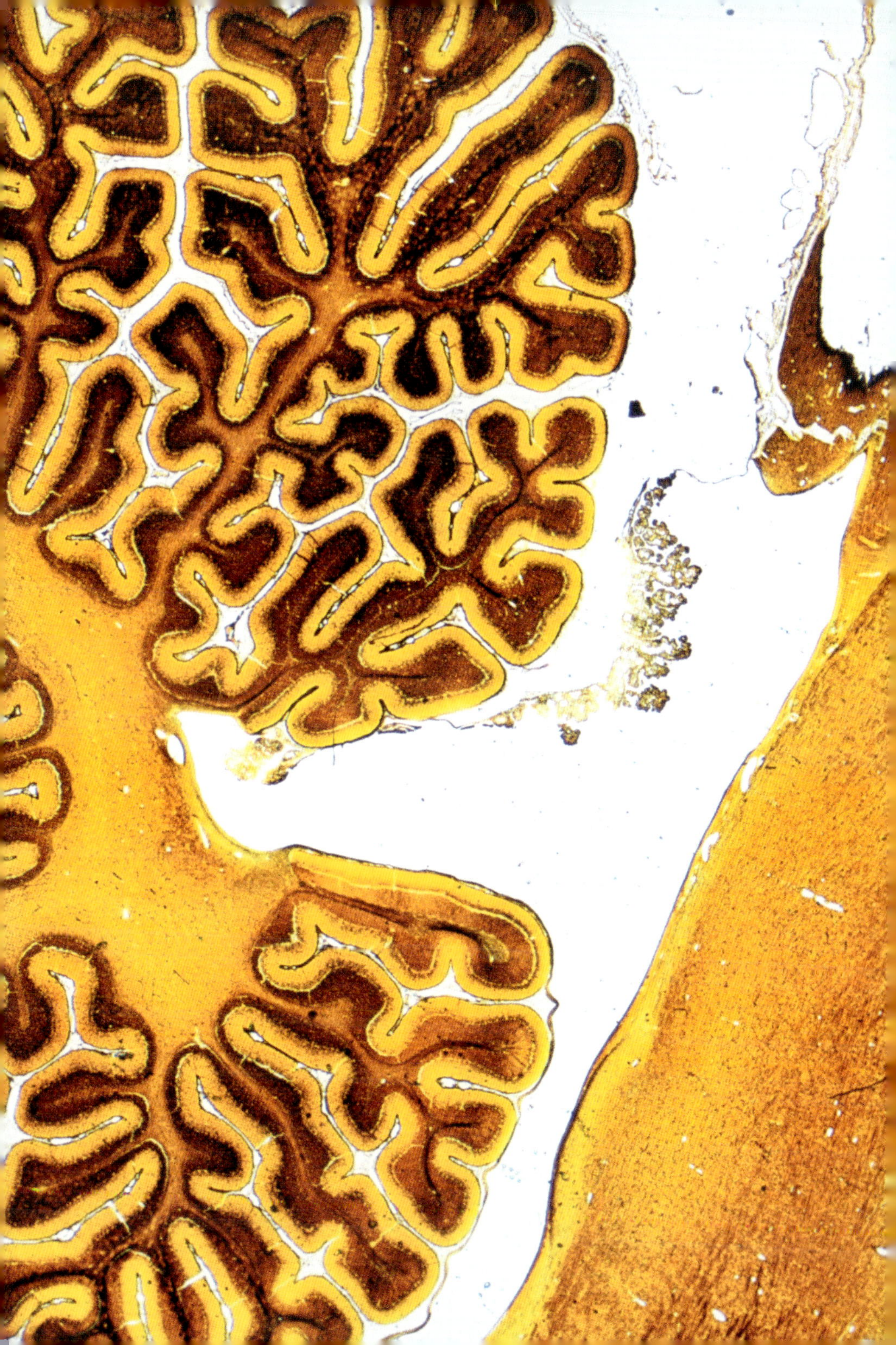

KAPITEL 9

DER BLICK HINTER DIE KULISSE

Dessen ungeachtet stellt sich natürlich die Frage, ob das Bedürfnis, etwas anders zu machen oder etwas Neues in Angriff zu nehmen, einer Laune entspringt oder wirklich Relevanz hat. Nicht jeder Veränderungsimpuls ist gleich gut und sinnvoll! Wie schütze ich mich davor, möglicherweise eine Fehlentscheidung zu treffen und eine falsche Entwicklung loszutreten? Ich finde diese Fragestellung extrem relevant. Denn etwas, was sich an einem Tag als „dringendes Bedürfnis" darstellt, mag drei Tage später schon wieder in völlige Vergessenheit geraten sein.

In einer derartigen Situation auf einen stark ausgeprägten „inneren Kompass" zurückgreifen zu können, ist sicherlich die größte Hilfe. Wer seine persönliche Landkarte kennt, hat unweigerlich ein besseres Gespür dafür, welche Wünsche tatsächlich relevant sind und welche nicht. Wer sich dennoch unsicher ist, mag auf ein sehr interessantes Instrument zurückgreifen, das ich tatsächlich regelmäßig einsetze und das sich bereits oft bewährt hat. Dieses Instrument trägt den Namen „Entscheidungsbaum" und wird in Unternehmen innerhalb von Entwicklungsprozessen häufig eingesetzt. Wie es funktioniert, darf ich anhand eines zugegebenermaßen etwas banalen, aber dafür umso verständlicheren Beispiels verdeutlichen.

„Das Arbeiten mit Entscheidungsbäumen ist relativ weit verbreitet [...]. Der Sinn liegt darin, anhand von verschiedenen, visualisierten Antwortoptionen auf konkrete Fragen zu einer finalen Entscheidung zu gelangen." [12]

Zur Debatte steht folgende Frage: Kaufe ich jetzt dieses Auto – ja oder nein? Von dieser Frage gehen drei Linien ab. Linie 1 steht für: Warum ausgerechnet dieses Auto? Linie 2 bezieht sich auf:

Was spricht dagegen? Und Linie Nummer 3 schließlich zielt ab auf die Konsequenzen, die sich aus dem Kauf ableiten würden. Ich kann die Verzweigungen beliebig weiterführen, je nachdem, was mir alles so einfällt und was ich für wichtig erachte.

Dieser Prozess ist deswegen so hilfreich, weil ich dem spontanen Impuls: „Dieses pink lackierte Auto will ich unbedingt haben!“, ein rationales Korrektiv entgegensetze. Ich bin somit zumindest vor einer völlig überstürzten Entscheidung gefeit, und zwar dadurch, dass sich sehr schnell zeigt, hinter welchem Ast sich mehr Argumente anhäufen und wo weniger. Zugegebenermaßen bedeutet dies nicht unbedingt, dass ich das besagte Auto nicht kaufe. Aber ich denke zumindest darüber nach und muss mir später nicht zum Vorwurf machen, überstürzt gehandelt zu haben.

Diese erzwungene Denkpause halte ich auch deswegen für relevant, weil ja nicht alles, was mit einem starken emotionalen Impuls besetzt ist, zwangsläufig gut für mich ist. Im Gegenteil: Entscheidungen, die auf rein emotionalen Befindlichkeiten basieren, stellen sich mitunter als ziemlich nachteilig heraus. Wer sich schon einmal mit den Mechanismen der Werbeindustrie auseinandergesetzt hat, weiß, dass es vor allem unsere Gefühle sind, durch die der angestrebte Kaufanreiz ausgelöst werden soll.

Auch die Art, wie wir uns von sensationsheischenden Nachrichten aufpeitschen lassen, zeigt, dass der Appell an unsere Emotionen eine gefährliche Eigendynamik auslösen kann. Diesem Mechanismus ein rationales Korrektiv entgegenzusetzen, macht also durchaus Sinn.

NACHDENKEN ERWÜNSCHT

Ich selbst habe eine derartige Erfahrung machen müssen, als ich basierend auf einem „Ich will aber unbedingt"-Gefühl mit Mitte zwanzig nach Amerika übersiedeln wollte. Eine langwierige Rückenerkrankung machte mir dann jedoch einen Strich durch die Rechnung. Ich war eine Weile ans Bett gefesselt und die Idee, nach New York zu ziehen, hatte sich erst einmal erledigt.

Im Zuge meiner Krankheit hatte ich viel Zeit nachzudenken und mir wurde klar, wie wichtig es ist, differenziert in sich hineinzuhören und nicht stur an einer bestimmten Vorstellung festzuhalten. Aus der Distanz betrachtet wäre es ein fataler Fehler gewesen, mein Leben in Deutschland aufzugeben, aber ich musste erst krank werden, um dies zu erkennen. Besser wäre es gewesen, mich schon früher damit zu beschäftigen, was mich in der damaligen Situation eigentlich getrieben hat. Aber genau das war der neuralgische Punkt – ich wollte es nicht wissen. Stattdessen befand ich mich in einem rigorosen Verdrängungsmodus, der kritische Fragen schlicht und ergreifend ausschloss. Ich sah die Dinge nicht, wie sie waren, sondern hatte eine – anders lässt es sich nicht ausdrücken – überdimensional große rosarote Brille auf.

KOPF ODER BAUCH

Der Entscheidungsbaum kann dabei helfen, die rosarote Brille zumindest für einen Moment abzuziehen und Ideen, Pläne und Wünsche auf ihre Substanz und Stichhaltigkeit zu überprüfen. Dies bedeutet nicht, dass nicht auch emotional begründete Entscheidungen ihre Berechtigung haben, im Gegenteil.

Hierzu folgende Anekdote: Benjamin Franklin, einer der Gründerväter der USA, wurde von einem jungen Mann um Rat gefragt, welche Frau er heiraten solle. Zwei Damen standen zur Wahl. Franklin empfahl ihm, jeweils die Vorteile und die Nachteile der einen wie der anderen aufzulisten und diejenige zur Frau zu nehmen, die mehr Vorteile mit sich brächte. Der junge Mann griff den Vorschlag dankend auf. Als die „Siegerin" feststand, wurde ihm jedoch schnell klar: Er wollte eigentlich die andere Frau. Die heiratete er dann auch. Der Verstand hatte nicht gesiegt, aber auch nicht geschadet. Es wird sogar überliefert, dass die Ehe trotz der vorausgegangenen Abwägung sehr glücklich gewesen sei.

Die Geschichte führt charmant vor Augen, wie scheinbar willkürlich Entschlüsse in uns zustande kommen und wohldurchdachte Argumente rigoros ausgeklammert werden können. In gewisser Weise gibt es einen permanent ausgefochtenen Richtungsstreit: analytisch versus emotional. Strategisch versus spontan. Kopf gegen Bauch! In der Wissenschaft wird intensiv diskutiert, was mehr wiegt, das Bewusste oder das Unbewusste. Von einer klaren Antwort ist man noch weit entfernt. Wahrscheinlich sind die besten Entscheidungen die, die eine Synchronität zwischen beiden Polen herstellen und beide Seiten miteinbeziehen. Für mich persönlich ist interessant, dass ich mit dem Entscheidungsbaum ein Instrument habe, das mich davor bewahrt, überstürzt zu handeln, indem ich erst einmal den Kopf einschalte. In Zeiten, in denen Beeinflussungsszenarien eher zu- als abnehmen, ist das ein großer Wert.

Auch hierin vermittelt sich das Arboreus-Prinzip – als Hinweis darauf, dass es zu der Variante „Das ist so!" und „Ich will unbedingt!" immer auch eine Alternative gibt und wir durchaus

abwägen können. Ich habe die Übung inzwischen schon einige Male mit Erfolg angewendet und vermeintliche Bedürfnisse recht gut entzaubern können. Rückblickend hätte ich mir meine Rückenerkrankung wahrscheinlich sparen können, aber wenigstens das pinkfarbene Auto habe ich mir nicht gekauft und stattdessen ein neues Fahrrad. Aus meiner Sicht eine gute Wahl!

DER WEG ENTSTEHT, WENN MAN IHN GEHT

Man kann den Entscheidungsbaum übrigens auch in einem anderen Kontext anwenden – weg vom „Ich müsste eigentlich!" hin zum „Ich mache es!". Nichts ist so schwer, wie einen Vorsatz tatsächlich auch umzusetzen – vor allem dann, wenn sich Hindernisse in den Weg stellen. Dann ist neben Optimismus und Enthusiasmus auch eine enorme Portion Willenskraft gefragt.

Mit der Willenskraft existiert auch ein durchaus effektives Instrument, unser den Sparmodus liebendes Gehirn zur Höchstleistung zu bringen. Aber einem permanenten „Tschacka"-Modus sind natürliche Grenzen gesetzt. Hundert Prozent Motivation im Dauerzustand kann kein Mensch leisten. Also müssen wir uns etwas ausdenken, wie wir unseren Elan auch dann aufrechterhalten, wenn es anfängt, anstrengend zu werden.

Hierzu ein Beispiel: Nehmen wir an, Sie tragen sich schon länger mit dem Gedanken, sich beruflich zu verändern, benötigen dafür aber eine Zusatzqualifikation. Sie haben sich sogar schon schlau gemacht, welche Möglichkeiten bestehen, und festgestellt, dass ein vom Berufsverband unterstütztes Qualifizierungsprogramm existiert, das genau Ihren Vorstellungen entspricht. Der einzige Nachteil: Das Programm wird 200 Kilometer entfernt angeboten, Sie müssten drei Tage pro Woche vor Ort sein und bräuchten eine Übernachtungsmöglichkeit. Genau das aber ist das Problem: Sie kommen so schon kaum mit Ihrem Geld hin – zusätzliche Kosten sind einfach nicht drin.

Nun gibt es zwei Optionen: Sie lassen die Sache fallen oder Sie bemühen sich um eine Lösung. Und genau hier kommt wieder

der Entscheidungsbaum ins Spiel: Den Ausgangspunkt liefert die Erkenntnis, dass Ihnen das Geld fehlt, die Zusatzqualifikation durchzuführen. Die erste Frage, die Sie sich nun stellen müssen (Linie 1), lautet: Ist das wirklich der Grund, warum ich von meinen Plänen Abstand nehme oder suche ich nur eine Ausrede, weil es mir mit der Neuausrichtung vielleicht doch nicht so wichtig ist? Gesetzt den Fall, die Fortbildung ist Ihnen wirklich wichtig (Linie 2), würde die nächste Frage lauten: Gibt es eventuell eine andere Option, die mit weniger Aufwand verbunden wäre? Wenn ja, welche? Und wo? Oder aber: Ist es eventuell möglich, eine finanzielle Unterstützung zu erhalten?

Äquivalent zu der Situation, ein Auto in einer fragwürdigen Farbe zu kaufen, geht es darum, den Kopf einzuschalten und abzuwägen, wie der nächste Schritt bestenfalls aussehen soll, und im Idealfall eine Alternative aufzutun, die realisierbar ist. Durch den Entscheidungsbaum bringe ich mich dazu, mein Vorhaben mit einer gewissen rationalen Distanz zu sehen – eine Distanz, die ich mit großer Wahrscheinlichkeit nicht aufbringen würde, wenn ich mich vom ersten Hindernis abschrecken ließe und in ein emotionales Loch fallen würde. Er fungiert sozusagen als „rationales Überbrückungskabel", mit dessen Hilfe ich alternative Wege finden kann, die vielleicht nicht erste Wahl, aber dennoch ebenso möglich sind. Gemessen daran, wie schwierig es ist, trotz Rückschlägen, Enttäuschungen und immer wieder auftretenden Hindernissen die eigene Motivation und Willenskraft aufrechtzuerhalten, ist dies ein sehr effektives Instrument, am Ball zu bleiben und sich neu zu motivieren.

Das Arboreus-Prinzip weist dabei im wahrsten Sinne des Wortes den Weg und minimiert zugleich die Angst vorm Scheitern.

Je breiter gefasst nämlich das Spektrum meiner Möglichkeiten ist, desto größer ist die Wahrscheinlichkeit, in einer Problemsituation eine Lösung zu finden. Erneut gilt: Verästelung steht für Vielfalt. Ich darf nicht mit aller Kraft an einer Variante festhalten, nur weil es die ist, die mir auf den ersten Blick am meisten zusagt. Es führen viele Wege nach Rom, was zählt, ist das Ziel.

AUF DEN SPUREN DES WORLD WIDE WEB

Ein Instrument, das uns dabei helfen kann, diese Wege zu finden, ist das World Wide Web. Warum dies so ist, hat gleich mehrere Gründe. Es ist erschwinglich und steht uns über unser Smartphone oder unseren Computer sieben Tage die Woche rund um die Uhr zur Verfügung. Wir haben es sozusagen immer parat. Noch viel wichtiger ist jedoch die schier endlose Fülle an Informationen, die das Netz bereithält. Egal ob über eine Homepage, einen Blog oder ein Video – jeder kann seine Spur hinterlassen. Das bringt jede Menge unsinnige und unbrauchbare Inhalte mit sich. Es existieren aber auch sehr viele Informationen, die ausgesprochen hilfreich und wertvoll sein können.

Aus Sicht einer Person, die in einen Entscheidungsprozess involviert ist, geht damit ein gewaltiger Vorteil einher. Führen wir uns einmal exemplarisch folgende Situationen vor Augen. Szenario 1: Mein Partner hat mich verlassen. Da ich die Miete für die Wohnung nicht alleine zahlen kann, bin ich darauf angewiesen, so schnell wie möglich eine Alternative zu finden. Szenario 2: Ich möchte eine Firma gründen und brauche einen Kredit. Szenario 3: Ich arbeite in einem Architekturbüro und habe den Wunsch, mich zu verändern. Szenario 4: Ich stecke mitten in einem Burnout und will wissen, wie andere mit der Situation klargekommen sind und wo sie Hilfe erhalten haben. Stellen wir uns derartige Ausgangslagen im Jahr 1985 vor. Es gab noch kein Internet. Ich wäre voll und ganz auf Beratungsangebote vor Ort angewiesen gewesen, hätte auf die samstäglichen Immobilienanzeigen der regionalen Zeitung warten müssen, wäre ganz und gar dem Goodwill des für mich zuständigen Bankmitarbeiters ausgesetzt gewesen und hätte mögliche Alternativen für meine weitere berufliche Laufbahn mit großer Wahrscheinlichkeit nicht wahrnehmen können, weil ich sie nie entdeckt hätte.

Der Gedanke, auf den ich hinauswill, liegt auf der Hand: Bei allen Risiken, Unabwägbarkeiten und Qualitätsdefiziten, die heute mit dem World Wide Web einhergehen, einen Vorteil bietet es unbestritten: Es versetzt uns in die Lage, unsere Suche nach Alternativen auf eine völlig andere Grundlage zu stellen. Anders ausgedrückt: Das Internet mit seinem endlosen Angebot schafft die Möglichkeit, die Grenzen unserer analogen Welt zu verlassen, Fühler auszustrecken und die Informationen zu sammeln, die für einen anstehenden Entscheidungsprozess wichtig sind. Auf diese Art und Weise erweitert sich unser Handlungsspielraum erheblich.

Ich sehe in diesem Sachverhalt einen gewaltigen Zugewinn an persönlicher Freiheit. Eine Veränderung erfolgreich in Angriff zu nehmen, hat nicht nur mit Flexibilität und einer neuen Denkweise zu tun, sondern auch mit Wissen und Informationen! Mit dem Einschätzen realer Möglichkeiten und dem Parathaben von Argumenten, die ich mir selbst und anderen liefern kann, öffne ich mir genau die Wege, die für eine Veränderung nötig sind.

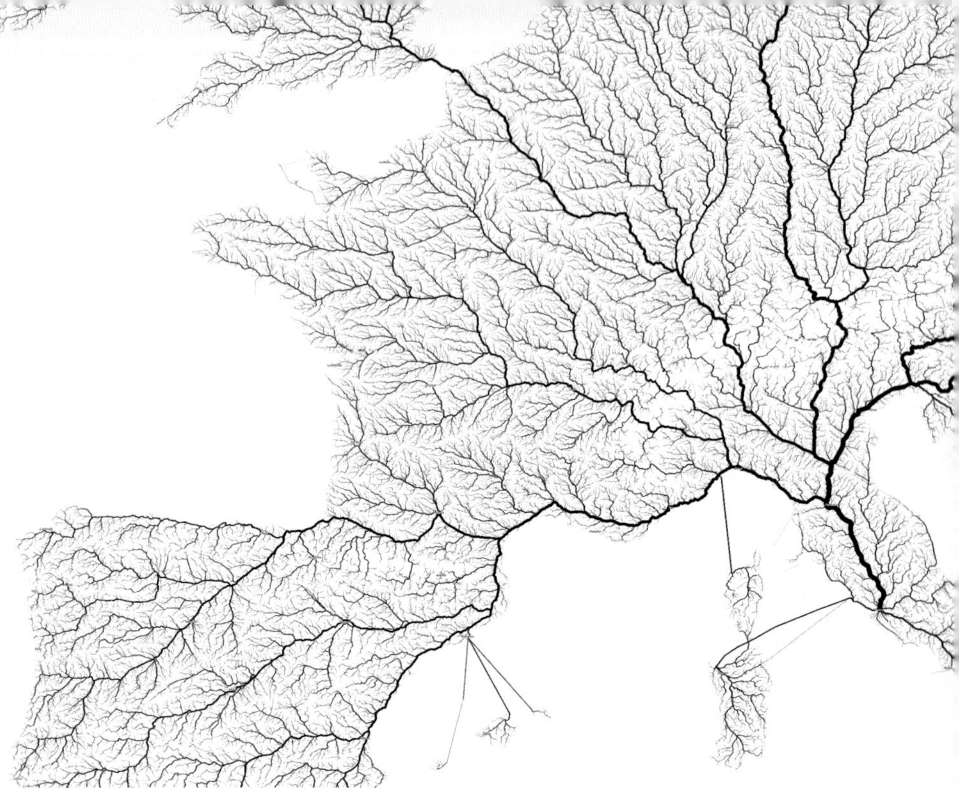

Interessant ist, dass auch in diesem Kontext das Arboreus-Prinzip eine Hilfestellung liefert: Die Art, wie wir Veränderungen angehen sollten – offen für Neues, verschiedene Möglichkeiten auslotend –, sollte auch unseren Umgang mit dem Internet kennzeichnen. Das World Wide Web verhilft uns dazu, ausgetretenen Pfade zu verlassen. Frei von Vorgaben, Erwartungen anderer oder Festlegungen können wir uns genau die Informationen und Anregungen verschaffen, die uns helfen, unser angestammtes Terrain hinter uns zu lassen. Aus dieser Perspektive betrachtet, bestanden für Veränderungen noch nie so gute Voraussetzungen wie heute.

Dies sollten wir im Hinterkopf haben, wenn wir das nächste Mal über unsere Zukunft nachdenken und uns fragen, ob wir

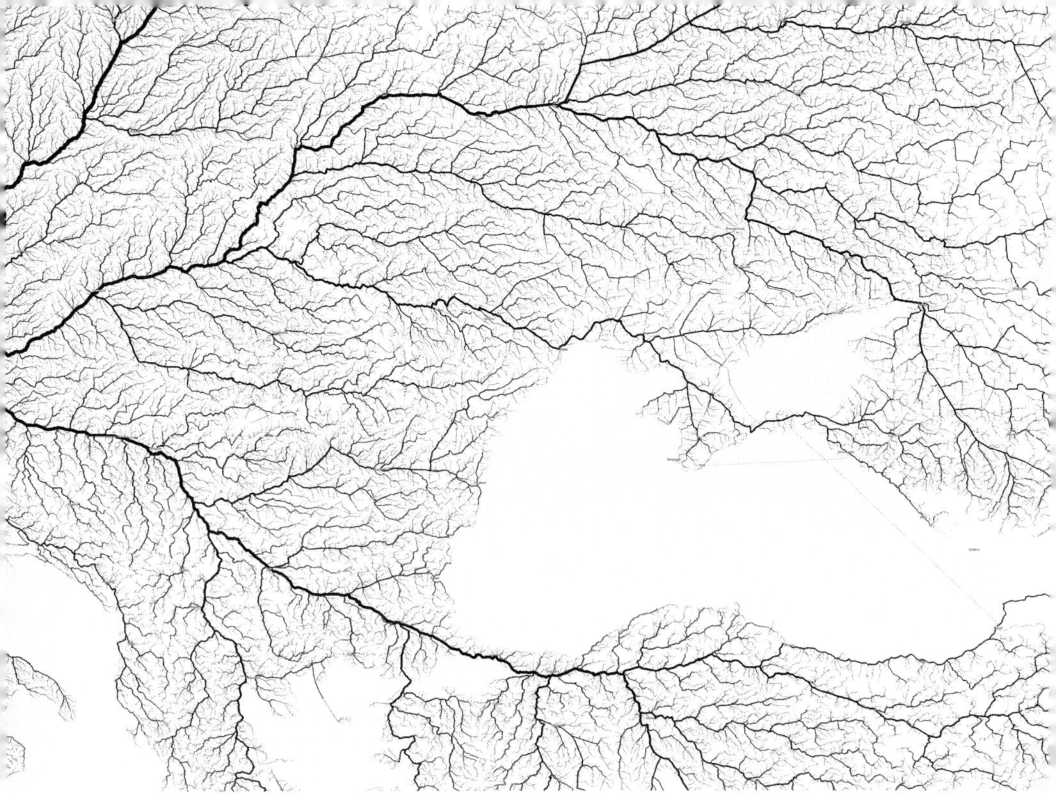

für das, was da alles so auf uns zukommen mag, gerüstet sind. Ich bin der Meinung: Ja! Denn genau das macht uns das Arboreus-Prinzip vor. Das ganze Leben ist Veränderung, ein Agieren in Etappen und ein Bewältigen von Herausforderungen. Wie nie zuvor sind wir in der Lage, hierauf zu reagieren. Das ist die gute Nachricht. Die schlechte Nachricht ist: Dass es so ist, ist bei vielen noch nicht angekommen. Zukunft ist für viele immer noch eine Bedrohung, und eine Mehrheit rechnet damit, dass sich die Dinge verschlechtern. Aber warum eigentlich?

„Eigentlich wollen die Menschen [...] viele Dinge verändern und verbessern. Aber sie belassen es dann doch bei der Empfehlung. Und sie rechnen damit, dass es in Zukunft schlechter wird.“ [13]

KAPITEL 10

KEINE ZUKUNFT IST AUCH KEINE ALTERNATIVE

Von Wilhelm II. (1859–1941), dem letzten deutschen Kaiser, ist folgendes Bonmot überliefert: „Das Auto hat keine Zukunft. Ich setze aufs Pferd." Dass er damit ganz offenbar falschgelegen hat, muss nicht explizit erwähnt werden. Und dennoch: Vom damaligen Standpunkt aus betrachtet, ist die Aussage durchaus nachvollziehbar. Selbst Henry Ford, Gründer der Ford Motor Company (1863–1947) soll kurz vor seinem Tod noch moniert haben: „Wenn ich die Menschen gefragt hätte, was sie wollen, sie hätten gesagt: schnellere Pferde." Das Problem mit der Zukunft besteht ja darin, dass wir nicht vorhersagen können, wie sie sich entwickelt. Wir können Vermutungen anstellen und von Wahrscheinlichkeiten ausgehen, Hoffnungen aussprechen oder Befürchtungen formulieren. Thesen allein liefern jedoch nicht den Beleg, was tatsächlich eintreffen wird, weshalb es leichtfällt, an dem Bestehenden festzuhalten und eigentlich notwendigen Handlungsbedarf erfolgreich zu verdrängen. Alternativ könnten wir uns natürlich auch vorbereiten und Prozesse, die unsere Zukunft ausmachen, konstruktiv mitgestalten. Lassen Sie uns diese beiden Möglichkeiten – passiv und aktiv – einmal anhand des Themas Digitalisierung exemplarisch zu Ende denken.

ANALOG WAR GESTERN

Dass die digitale Transformation kommt, ist unbestritten; mehr noch, sie ist bereits in vollem Gange. Wesentliche Bereiche unseres Lebens werden sich maßgeblich verändern. Dazu gehören Arbeits-, Mobilitäts- und Kommunikationsprozesse ebenso wie neue Formen der Dienstleistung und Produktion. Es sind somit flächendeckend sämtliche Bereiche unseres Lebens tangiert. Sich dieser Entwicklung zu entziehen, ist quasi unmöglich.

Ein Hauptaugenmerk liegt auf der Frage, wie sich die Digitalisierung auf die Arbeitswelt auswirken wird. Bislang sind im Zuge der Einführung digitaler Prozesse in erster Linie niedrig qualifizierte Arbeitsplätze verschwunden. In Zukunft werden zunehmend auch höher qualifizierte Tätigkeiten betroffen sein, unter anderem, weil ganz neue Produktionsformen und Geschäftszweige entstehen werden. Es geht also nicht nur um den quantitativen Abbau von Arbeitsplätzen, sondern das Aussterben ganzer Berufszweige, weshalb es viele Stimmen gibt, die den Siegeszug der Digitalisierung mit einer sozialen Erosion gleichsetzen.

„Digitalkompetenzen umfassen neben Medienkompetenzen und Technologieverständnis auch den Erwerb sozialer Kompetenzen wie Kooperations- und Teamfähigkeit oder Kommunikations- und Innovationsfähigkeit und Interdisziplinarität.“ [14]

Dem stehen allerdings Aussagen gegenüber, wonach äquivalent zum Abbau der alten Arbeitsplätze neue entstehen werden, der Negativeffekt also durchaus kompensiert werden könne. An dieser Stelle kommt der Begriff „Digitalkompetenz“ ins Spiel. Dabei geht es sowohl um technisches Know-how als auch die Befähigung, konstruktiv mit den Möglichkeiten der digitalen Transformation umzugehen. Nur wer diese Kompetenz aufweise, so zum Beispiel ein Report der Hans-Böckler-Stiftung aus dem Jahre 2016, werde den Herausforderungen der Zukunft gewachsen sein.

So weit, so gut. Doch wird diese Erkenntnis auch umgesetzt? Leider nein. Viele Berufstätige sehen sich für die Anforderungen der digitalen Arbeitswelt nicht gerüstet. Doch mit nur 38 Prozent, die einer Umfrage aus dem Jahr 2018 zufolge die eigene Weiterbildung als Top-Thema betrachten, dürfte der zukünftige Bedarf an adäquat ausgebildeten Mitarbeitern nicht gedeckt werden können.

Eine große Diskrepanz gibt es auch innerhalb der Führungsetagen von Unternehmen: Obwohl die Mehrheit das Thema Digitalisierung auf der Agenda weit oben hat, hapert es bei der Umsetzung. Die Gründe hierfür, die in einer ebenfalls 2018 durchgeführten Umfrage artikuliert wurden, sind (2000 Firmen wurden befragt), sind hochinteressant: So wurden Aspekte genannt wie „bestehende Strukturen würden verteidigt“ (58 Prozent!), der eigene Bereich sei „zu festgefahren“ (39 Prozent) und das eigene Unternehmen sei „zu unflexibel und langsam“ (37 Prozent).

WIR MÜSSEN ETWAS TUN, ABER …

Der von einer Unternehmensberatung veröffentlichte Trendreport macht deutlich, warum die digitale Transformation in Deutschland noch nicht weit gediehen ist. Trotz besseren Wissens, dass Handlungsbedarf besteht, wird an Altem festgehalten. Dieses Festhalten am Status quo wiegt schwerer als die Erkenntnis, sich auf die neuen Verhältnisse einlassen zu müssen. Zu welchem Zeitpunkt in Deutschland von einer tatsächlichen digitalen Transformation ausgegangen werden kann, steht somit in den Sternen.

Der Umgang mit der Digitalisierung steht stellvertretend dafür, wie gemeinhin mit dem Thema Veränderung verfahren wird. Die Dringlichkeit einer eigentlich notwendigen Handlungsweise wird zwar durchaus erkannt, die Umsetzung lässt jedoch auf sich warten.

Dieses Ergebnis deckt sich mit den Erkenntnissen der bereits erwähnten Vermächtnisstudie: „Eigentlich wollen die Menschen [...] viele Dinge verändern und verbessern. Aber sie belassen es dann doch bei der Empfehlung", ist dort zu lesen (S. 226). Besonders klug ist das nicht. Und auch nicht zielführend. Aber gemessen an dem, dass wir Menschen gerne an unseren ausgetretenen Pfaden festhalten, geradezu vorhersagbar.

Wie die Alternative aussehen könnte, zeigt erneut ein Vergleich mit der Natur.

VOM GEBEN UND NEHMEN IN DER NATUR

Lassen Sie uns hierfür noch einmal einen Blick darauf werfen, wie Bäume ihr Überleben sichern. Dass Wurzeln ein Paradebeispiel für Effizienz sind, wurde bereits mehrfach erwähnt. Tatsächlich gibt es eine Maßnahme, die diese Effizienz sogar noch steigert. Hierfür geht der Baum eine geschickte Allianz mit Organismen ein, die ebenfalls im Erdreich anzutreffen sind. Die Rede ist von so genannten Pilzfäden, auch Hyphen genannt, die das Wurzelgeflecht (Myzel) eines Pilzes bilden. Die nur 2 bis 100 Mikrometer dicken Pilzfäden umspinnen die Wurzeln, zum Teil dringen sie sogar in sie ein. Durch diese Verbindung kommt eine ausgesprochen ergiebige Versorgungsgemeinschaft zustande, eine so genannte Mykorrhiza. Während der Baum das Photosyntheseprodukt Zucker an die Pilzzellen abgibt, erhält er im Gegenzug verschiedene Nährstoffe wie Stickstoff und Phosphor, die der Pilz mit seinen feinen Pilzfäden aus kleinsten Bodenporen aufnehmen kann. Durch diese Kooperation verbessert der Baum seine Versorgungslage erheblich, da er

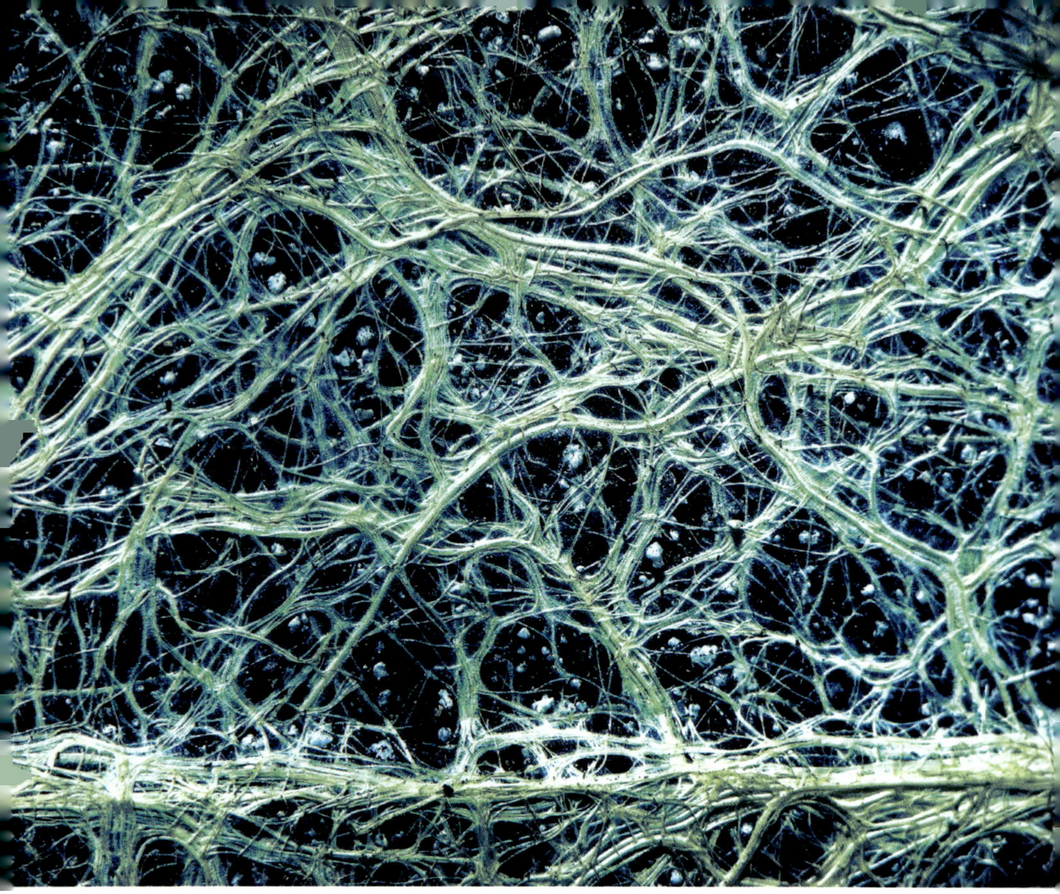

in Bereiche vordringen kann, die er mit den eigenen Wurzeln nicht erreichen würde.

Darüber hinaus kommt ein weiterer Effekt zustande: Durch die Verbindung Baum–Pilz entsteht ein kilometerweites Netzwerk, über das sogar Informationen vermittelt werden können. Einzelne Bäume nehmen direkt miteinander Kontakt auf, können sich gegenseitig vor Schädlingsbefall warnen oder vor anderen Einflüssen wie Schadstoffen und Wassermangel. Dass Botaniker in diesem Zusammenhang von einem „Wood Wide Web" sprechen, ist nicht weiter verwunderlich, der Vergleich liegt geradezu auf der Hand.

Faszinierend ist der absolute Pragmatismus, mit dem die Natur hier vorgeht. Um die Lebensqualität zu sichern, wird die Grenze der eigenen Spezies überschritten. Bäume und Pilze verbinden sich, kommunizieren miteinander und versorgen sich gegenseitig – zum jeweils eigenen Vorteil! Die Vernetzung wird zum wertvollen Instrument, die eigenen Bedingungen signifikant zu verbessern. Die in große Reichweiten vordringende Verästelung von Pilz und Baum liefert hierfür die Voraussetzung.

DAS GANZE IST MEHR ALS DIE SUMME SEINER TEILE

Es bietet sich an, den Pragmatismus, den die Natur hier anwendet, unserer Einstellung gegenüber unserer Zukunft und insbesondere der Digitalisierung zugrunde zu legen. Warum nicht die eigenen Grenzen überwinden und gezielt Verbindungen mit anderen eingehen, um den eigenen Aktionsradius und Wirkungsgrad zu erhöhen? Interessant ist, dass das Arboreus-Prinzip auch hierbei Hilfestellung leisten kann – als Indikator dafür, dass im Netzwerk der Schlüssel dafür liegt, unsere Lebensumstände maßgeblich zu verbessern. Die Digitalisierung liefert hierfür ein wertvolles Instrument.

„Ein Kubikzentimeter Erdboden kann mehr als zehn Kilometer hauchdünne Pilzfäden enthalten. Es ist ein unvorstellbar komplexes Geflecht – ähnlich demjenigen der Neuronen im menschlichen Gehirn.“ [15]

Welche Ausprägungen das annehmen kann, zeigt die so genannte „Sharing Economy“. Um etwas zu benutzen, muss man es nicht notwendigerweise besitzen. Stattdessen verschafft eine digitale Plattform einen gemeinsamen Zugang zu Gütern und Dienstleistungen. Ein gutes Beispiel sind die in Deutschland inzwischen weit verbreiteten Carsharing-Angebote. Sie gewähren Mobilität auch ohne eigenes Fahrzeug, verhelfen Städten zu weniger Autos und tragen auch noch zur Ressourcenschonung bei. Auch Arbeitsprozesse lassen sich völlig neu aufstellen. Über eine so genannte „cloud" können Mitarbeiter eines Unternehmens unabhängig von Zeit und Ort gemeinsam an einem Projekt arbeiten. Alle relevanten Informationen werden in Echtzeit gespeichert und sind permanent abrufbar. Die jeweiligen Arbeitsschritte können also dezentral verrichtet werden, was eine große räumliche Flexibilität mit sich bringt und es Menschen gestattet, Teile ihrer Arbeit von zuhause aus zu verrichten. Aus Sicht vieler Beschäftigten ein großer Vorteil.

Die Digitalisierung versetzt uns in die Lage, die Interaktion von Menschen auf eine völlig neue Grundlage zu stellen. Personen, Produkte, Informationen und Prozesse werden miteinander verknüpft und ermöglichen einen permanenten Austausch, egal, wo ich mich befinde. Diese Vorteile lassen sich natürlich auch privat nutzen. Mit anderen Menschen immer und überall kommunizieren zu können, ermöglicht es uns, auf der ganzen Welt Gleichgesinnte zu finden und ohne große Umwege die unterschiedlichsten Aktivitäten in Gang zu setzen.

Crowdfunding-Portale, Tauschringe, das Engagement unterschiedlichster Initiativen und Organisationen führen vor Augen, was möglich ist. Jenseits der „etablierten Welt" gibt es eine Fülle Initiativen und Angebote, die vielleicht nicht den Weg in die große Öffentlichkeit schaffen, aber dafür nicht minder bedeutsam und wirkungsvoll sind und wertvolle Ideen eines neuen gesellschaftlichen Miteinanders transportieren.

All´ diesen Fällen liegt dieselbe Mechanik zugrunde: Das Ganze ist mehr als die Summe seiner Teile und Motivation des Handelns ist die Erkenntnis, dass in der Kooperation ein konkreter Nutzen liegt, der im Alleingang nicht erreicht werden kann. Auch hierfür steht das Arboreus-Prinzip: Systeme sind dann erfolgreich, wenn sie in der Lage sind, Kräfte zu bündeln und Optimierungen zuzulassen. Jede Art von Gemeinschaft verfügt über Stärken und Schwächen, Kompetenzen und Defizite. Kleinere Bestandteile existieren neben größeren. Sich zu vernetzen und Kooperationen einzugehen, bringt allen Beteiligten klare Vorteile. Mit der Digitalisierung geht die Möglichkeit einher, diese Herangehensweise auf eine völlig neue Grundlage zu stellen und wichtige Weichen für ein neues gemeinschaftliches Miteinander zu stellen. Diese Möglichkeit sollten wir nutzen.

MINUS + MINUS = PLUS

Interessant ist, dass der Gedanke der Kooperation in der Geschichte der Menschheit keineswegs Neuland ist, im Gegenteil. Die Erkenntnis, im Schulterschluss mit anderen mehr zu erreichen, hat uns rückblickend betrachtet schon oft geholfen. Anthropologen sehen in ihr sogar eine der Ursachen, warum sich der Homo sapiens mit Erfolg durchgesetzt hat. In unserer heutigen Gesellschaft ist uns dieses Grundprinzip allerdings etwas abhandengekommen – Ausnahmen bestätigen wie immer die Regel. In unserem Leben steht nicht der Gedanke der Kooperation im Vordergrund, Priorität haben Faktoren wie Wettbewerb und Konkurrenzdenken.

Eine Gesellschaft, in der ein stark reglementiertes Leistungsdenken propagiert wird, geht jedoch immer auch mit hierarchischen und in sich geschlossenen Strukturen einher. Das führt dazu, dass in unserem Beruf und Privatleben ein starkes Silo-Denken vorherrscht, das eher auf einem Gegen- und Nebeneinander als einem Miteinander aufbaut. Die mit der Digitalisierung zumindest theoretisch einhergehenden Möglichkeiten zu nutzen, wird damit erschwert. Was aber wäre die Alternative?

SPEZIALISTEN UND GENERALISTEN

Ein System, in dem Informationen unabhängig von Ort und Zeit und nicht reglementiert zur Verfügung stehen, geht mit völlig neuen Anforderungen in puncto Wissenserwerb, Entscheidungsfindung und Denkweisen einher. Statusdenken, reines Spezialistentum und verkrustete Strukturen – in unserem Leben weit verbreitet – werden uns nicht weiterbringen.

Es wird in Zukunft mehr fachübergreifende Generalisten geben müssen, die in der Lage sind, neue Zusammenhänge zu schaffen, das „große Ganze" wahrzunehmen und die bestehenden Strukturen durch neue zu ergänzen. Es werden ausgeprägte Individualisten und Quereinsteiger gefragt sein, kreative Köpfe, Nonkonformisten und digitale Selfmade-Gestalten, die die etablierten Rahmenbedingungen bewusst hinter sich lassen und völlig neue Wege einschlagen. Anders ausgedrückt: Es werden neue Strukturen und Sehgewohnheiten nötig sein, um die Möglichkeiten, die mit der digitalen Transformation einhergehen, überhaupt wahrzunehmen und auch positiv zu nutzen.

Das so genannte T-Profil (T-Shape), das Anfang der 90er-Jahre von der amerikanischen Design- und Innovationsberatung IDEO entwickelt wurde, liefert hierfür eine gute Anregung: Es geht davon aus, dass Mitarbeiter idealerweise über ein fundiertes Fachwissen verfügen (der vertikale Strich des T), aber ebenso breite Kompetenzen im Bereich Kommunikation und „Social Skills" aufweisen (der horizontale Strich des T). Der größte Nutzen für Unternehmen, insbesondere derer, die auf Innovationen angewiesen sind, liege in der Kombination aus Tiefe und Breite – eine Betrachtungsweise, die sich sowohl auf einzelne Mitarbeiter als auch auf ganze Teams anwenden lässt. Reines Spezialistentum, so IDEO-CEO Tim Brown, ist für Innovationen eher hinderlich und bestärkt lediglich den Status quo. In anderen Worten: Je mehr Diversität, Kooperation und Austausch, desto größer die Chance, zu konstruktiven oder innovativen Ergebnissen zu kommen.

„[...] ehe wir uns und unseren Lebensraum einer immer unkontrollierteren Entwicklung aussetzen, sollten wir versuchen unsere Welt in ihrer tatsächlichen Vernetzung zu sehen, um mit den technologischen Möglichkeiten, die wir entwickelt haben, nicht weiterhin unbekümmert zu hantieren, sondern sie ab jetzt mit Systemverständnis einzusetzen." [16]

Der bereits artikulierte Gedanke, dass Leben auf Vielfalt und einem Mit- anstelle eines Nebeneinanders aufbaut, findet sich hier wieder. Darüber hinaus tut sich ein weiterer Bereich auf, in dem das Arboreus-Prinzip Anwendung finden kann: Wenn die Prämisse zukünftigen Handelns lautet, dass Nichts mehr so sein wird, wie es einmal war, ist ein Festhalten an Altem auf keinen Fall die Lösung. Es müssen neue Wege eingeschlagen werden – auf individueller wie auf gesellschaftlicher Ebene.

Die Konsequenz, die sich daraus ableitet, lautet: Es ist an der Zeit, neue Rahmenbedingungen zu schaffen, die mehr Individualität, Dynamik und Durchlässigkeit zulassen und das hierarchisch geprägte, Status quo-verhaftete Inseldenken, das in unserem Leben existiert, überwinden helfen. Erneut lohnt auch hier der Blick auf die Natur, die Veränderungen bewältigt, indem sie virulente, nichtlineare Prozesse in Gang setzt, mit deren Hilfe sie das Beste aus der jeweiligen Situation herausholt und Überleben gewährleistet. In der Natur, so lautet die klare Erkenntnis, gibt es keine gerade Linie. Das sollte uns im Hinblick auf alles, was mit unserer Zukunft zu tun hat, zu denken geben.

Akteure aus den Bereichen Bildung und Forschung, Politik und Wirtschaft, Soziales und Kultur werden sich fragen müssen, welche Vorgänge sie in Gang setzen wollen, um die richtigen Weichenstellungen für die Herausforderungen von morgen durchzuführen. Derweil liegt es an jedem Einzelnen von uns, sich damit zu befassen, wie wir mit den anstehenden Veränderungen umgehen wollen und ob wir in der Lage sind, ausgetretene Pfade zu verlassen, neue Systeme zu schaffen und andere Sichtweisen zu entwickeln.

Auch hierfür liefert das Arboreus-Prinzip wertvolles Anschauungsmaterial: Wo Altes weicht, entsteht Neues. Lösungen zu finden, geht wenn erforderlich nur mit der Abkehr vom hier und heute einher. Einer Zukunft, die auf völlig neuen Gesetzmäßigkeiten aufbaut, können wir nur mit der Bereitschaft begegnen, komplett neu anzufangen. Das mag allen Besitzstandswahrenden schwerfallen, aber zur Zukunft gibt es keine Alternative. Müssen wir Angst davor haben? Nein! Denn die Fähigkeit, sich auf Neues einzulassen, ist in der Natur angelegt.

Und damit auch in uns selbst.

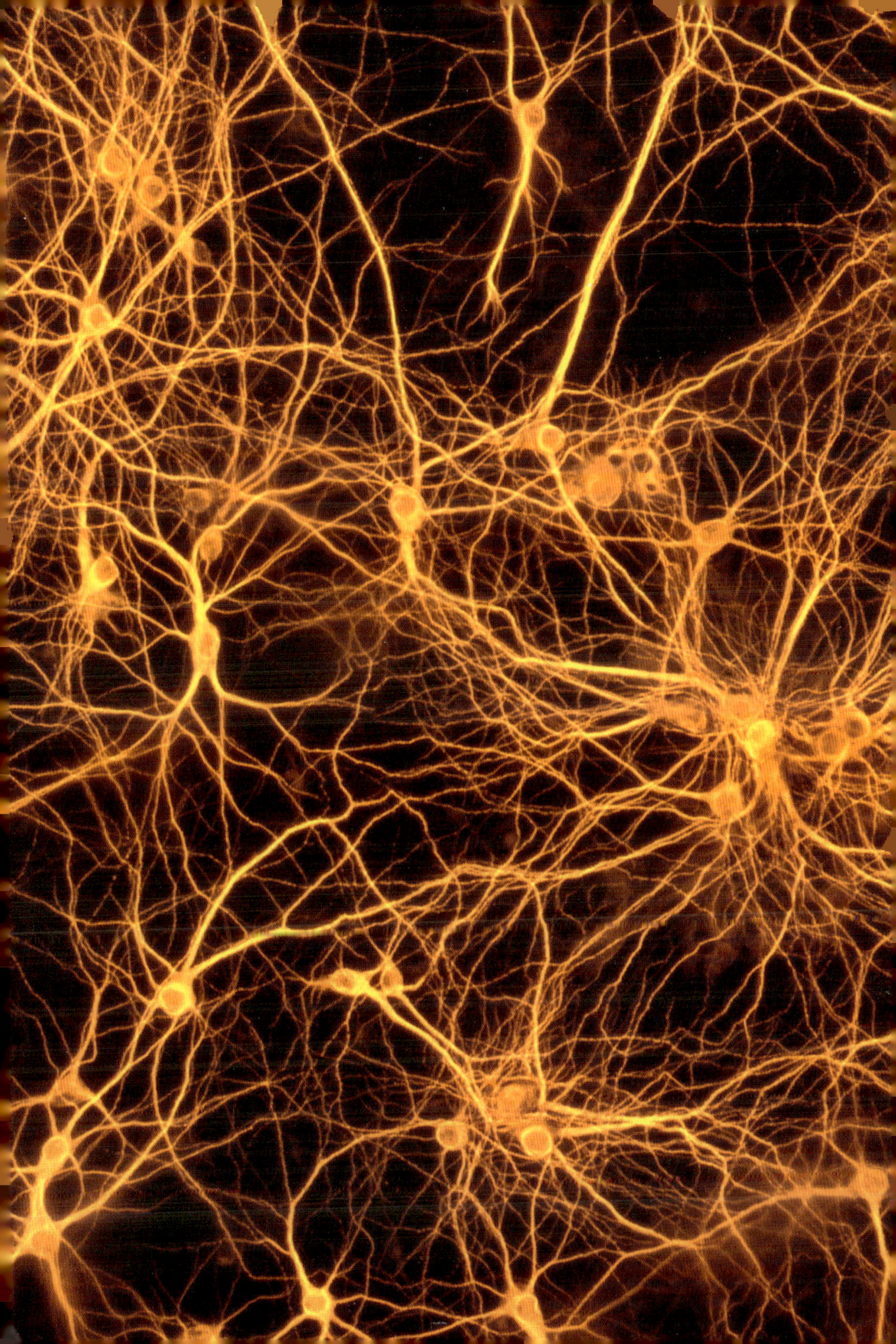

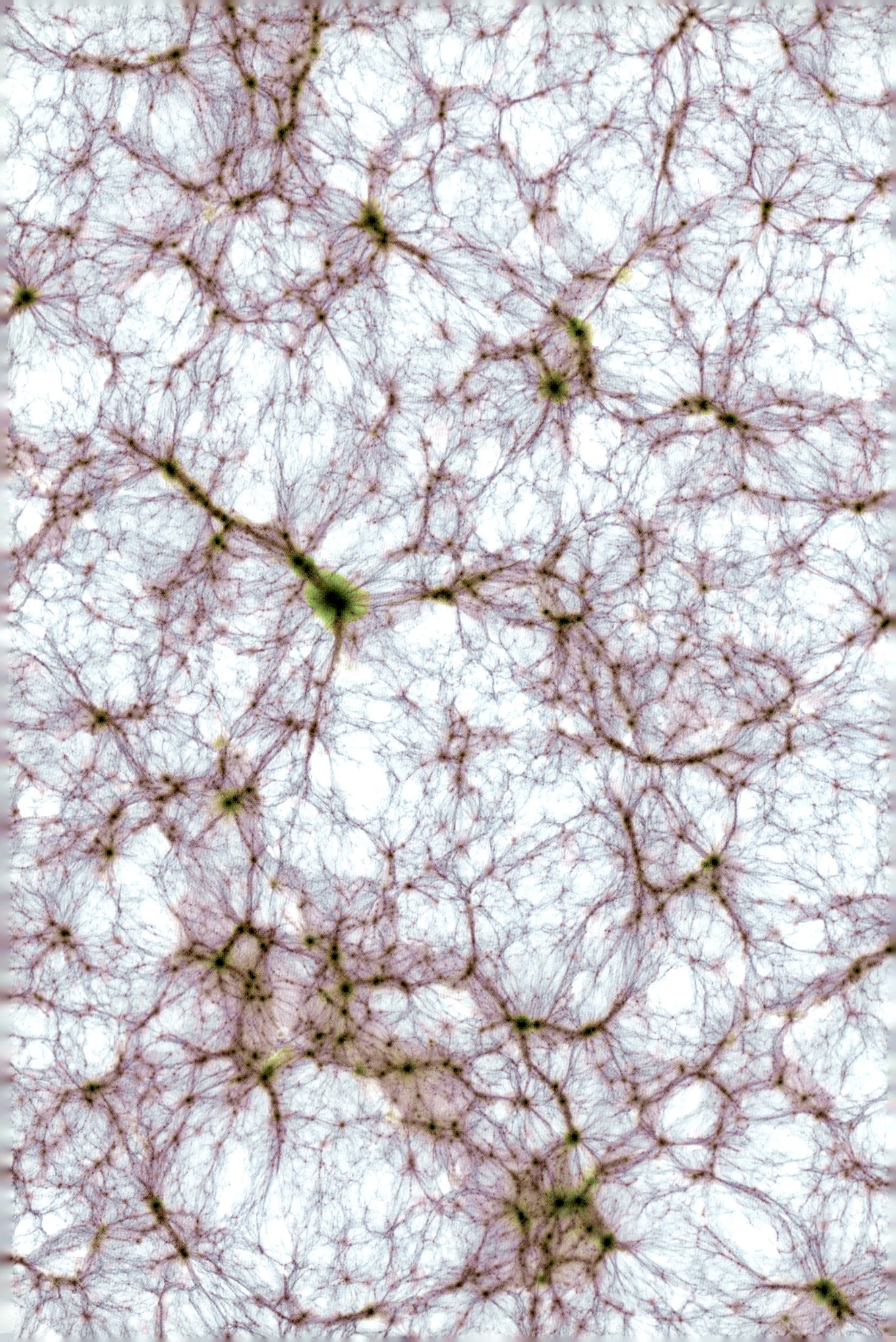

SCHLUSSWORT

ES GIBT IMMER EINEN WEG

Ob wir es wollen oder nicht: Veränderungen sind Teil unseres Lebens. Wie wir damit umgehen, sagt viel darüber aus, mit welcher Einstellung wir durch unser Leben gehen: abwartend, skeptisch, zögerlich, nüchtern, naiv, positiv, enthusiastisch, proaktiv ...

Unsere Einstellung lässt Rückschlüsse zu, welchen Prägungen wir ausgesetzt waren und welche Erfahrungen wir bislang in unserem Leben gemacht haben.

Unsere Erfahrungen wiederum haben großen Einfluss darauf, ob wir Veränderungen als bedrohlich empfinden oder eher als Gelegenheit wahrnehmen ...

Wie wir es auch drehen und wenden: Wann immer wir eine Veränderung angehen, bildet ein in uns angelegtes individuelles Repertoire die Grundlage dafür, wie wir vorgehen. Oder anders ausgedrückt: Je nachdem, auf welches Repertoire wir zurückgreifen, gestaltet sich unser Handeln.

IM LEBEN GIBT ES KEINE GERADE LINIE

Das Arboreus-Prinzip hilft uns, dieses Repertoire zu erweitern. Als Sinnbild dafür, wie die Natur mit ihren Aufgaben umgeht, erhalten wir eine Blaupause an die Hand, wie wir Veränderungen bewältigen können – flexibel, konstruktiv, offen für Neues, mehr als nur eine Option abwägend. Das ganze Dasein ist ein vor und zurück, ein nach links und nach rechts. Brüche und Abzweigungen sind an der Tagesordnung, ebenso unverhoffte Entwicklungen und Endungen im Nichts.

Das Arboreus-Prinzip liefert einen Schlüssel, diese Situation zu bewältigen.

Wann immer ich in jüngster Zeit damit konfrontiert bin, eine Aufgabe zu lösen oder mich einer neuen Herausforderung zu stellen, sehe ich das Bild des Flusses vor mir, der sich unermüdlich und unbeirrbar seinen Weg bahnt, Nebenarme bildet und überall dort, wo sich Hindernisse befinden, Verästelungen entstehen lässt. Oder ich denke an den Blitz, der sich mit Hilfe seines Leitblitzes den besten Weg sucht. Ich sehe die Wurzeln eines Baumes vor mir, die clevere Verbindungen eingehen, oder unser Gehirn, das entscheidet, welche Informationen wichtig sind und welche nicht. So lange wir leben, bedeutet dies: Es mag schwierig sein, die vor uns liegenden Aufgaben zu bewältigen, aber es gibt immer einen Weg. Er mag nicht unbedingt gleich erkennbar und auch mit Hindernissen versehen sein. Aber es gibt ihn. Das Arboreus-Prinzip hilft, ihn zu finden.

ES GIBT IMMER EINEN WEG, MEINEN

Dabei geht es nicht nur darum, agil zu sein und möglichst viele Handlungsoptionen auszuloten. Es geht auch darum, uns als Person zu verorten und die eigenen Fähigkeiten und Bedürfnisse einzuschätzen. Was für andere angemessen sein mag, ist nicht unbedingt das Richtige für mich. Unsere „innere Landkarte" zeigt uns, was uns wirklich ausmacht und was für uns eine adäquate Lösung ist. Es geht in unserem Leben um mehr als darum, Erwartungen zu erfüllen und zu funktionieren. Auch dafür steht das Arboreus-System: Leben ist Vielfalt. Menschen sind Vielfalt. Dies vor Augen, fällt es uns leichter, unseren eigenen, spezifischen Weg zu finden und zugleich den Weg, den andere einschlagen mögen, mit Toleranz zu begegnen.

Ich sehe hierin ein tragfähiges Modell, das eigene Leben konstruktiv zu gestalten. Uns selbst vielseitiger wahrzunehmen, nicht stur an Regeln und Prinzipien festzuhalten, offen zu sein für Neues. Dazu gehört unter Umständen auch, von lieb gewordenen Gewohnheiten und Privilegien abzulassen, Mühen und Umwege in Kauf zu nehmen, vielleicht auch immer wieder zu scheitern. Aber auch das bildet das Arboreus-Prinzip ab: Es gibt kein Scheitern, es gibt nur Etappen.

Hinzu kommt: Wir sind nicht allein! In unserem Körper sind Prozesse darauf ausgerichtet, in Summe zu funktionieren. Es ist das System, das zählt. Übertragen auf die Bewältigung von Alltagsproblemen oder die Entscheidung, ob ich ein bestimmtes Vorhaben umsetze oder nicht, gehen damit ungeahnte Möglichkeiten einher: Was im Alleingang als Herausforderung mit zu vielen Risiken wahrgenommen wird, funktioniert unter Umständen im Verbund. Hierbei auf die Kraft der Netzwerke zu setzen, analog wie digital, ist ebenfalls eine Strategie, die sich aus dem Arboereus-Prinzip ableiten lässt und die uns in der Bewältigung einer Veränderung extrem hilfreich sein kann.

Zugleich lässt sich auch ein Bild ableiten, wie eine Gesellschaft aufgebaut sein muss, die auf Dauer überlebensfähig sein will. In der Kooperation liegt der Schlüssel, das System zu erhalten, ebenso in der Diversität. Verkrustete Strukturen stehen Zukunft diametral entgegen. Hier sind Entscheidungsträger gefragt, aber auch wir selbst, diesen Strukturen neue, konstruktive Impulse entgegenzusetzen.

HANDLUNGSSTRATEGIEN FÜR EIN BESSERES LEBEN

Ich komme immer mehr zu der Überzeugung, dass in diesem Gedanken der Schlüssel liegt, unsere Zukunft zu bewältigen, als Individuum und als Gesellschaft. Vieles, was bislang die Eckpunkte unseres Lebens ausgemacht hat, ist in Auflösung begriffen und mag auf Dauer völlig von der Bildfläche verschwunden sein. Das Interessante ist: Genau das hat Leben schon immer ausgemacht. Das Arboreus-Prinzip baut auf der Erkenntnis auf, dass Veränderung eine Grundeigenschaft unserer Existenz ist. Wenn etwas Altes verschwindet, entsteht Neues. Erneuerung wiederum entsteht durch Loslassen.

Was sich nach Sisyphos-Arbeit anhört, verliert an Schrecken, wenn ich meine eigenen Grenzen nicht als Maßstab meines Tuns zugrunde lege. Kooperation lebt von Synergien, der Kompensation von Schwächen, dem Profitieren von Vielfalt. Auch das ist im Arboreus-Prinzip angelegt. Es versetzt uns in die Lage, Potentiale über unsere eigene Person hinaus zu identifizieren und Entwicklungen gemeinsam mit anderen anzugehen: Flexibel, an Vielfalt ausgerichtet, Neues nicht als Bedrohung sehend, sondern als Chance. Unter Umständen geht nicht alles auf einmal und es sind vielleicht nur kleine Schritte, die möglich sind. Doch zu guter Letzt geht es immer weiter. Irgendwie. Je flexibler wir diese Regel beherzigen und je mehr Spielraum wir zulassen, desto größer die Wahrscheinlichkeit, dass Lösungen zustande kommen.

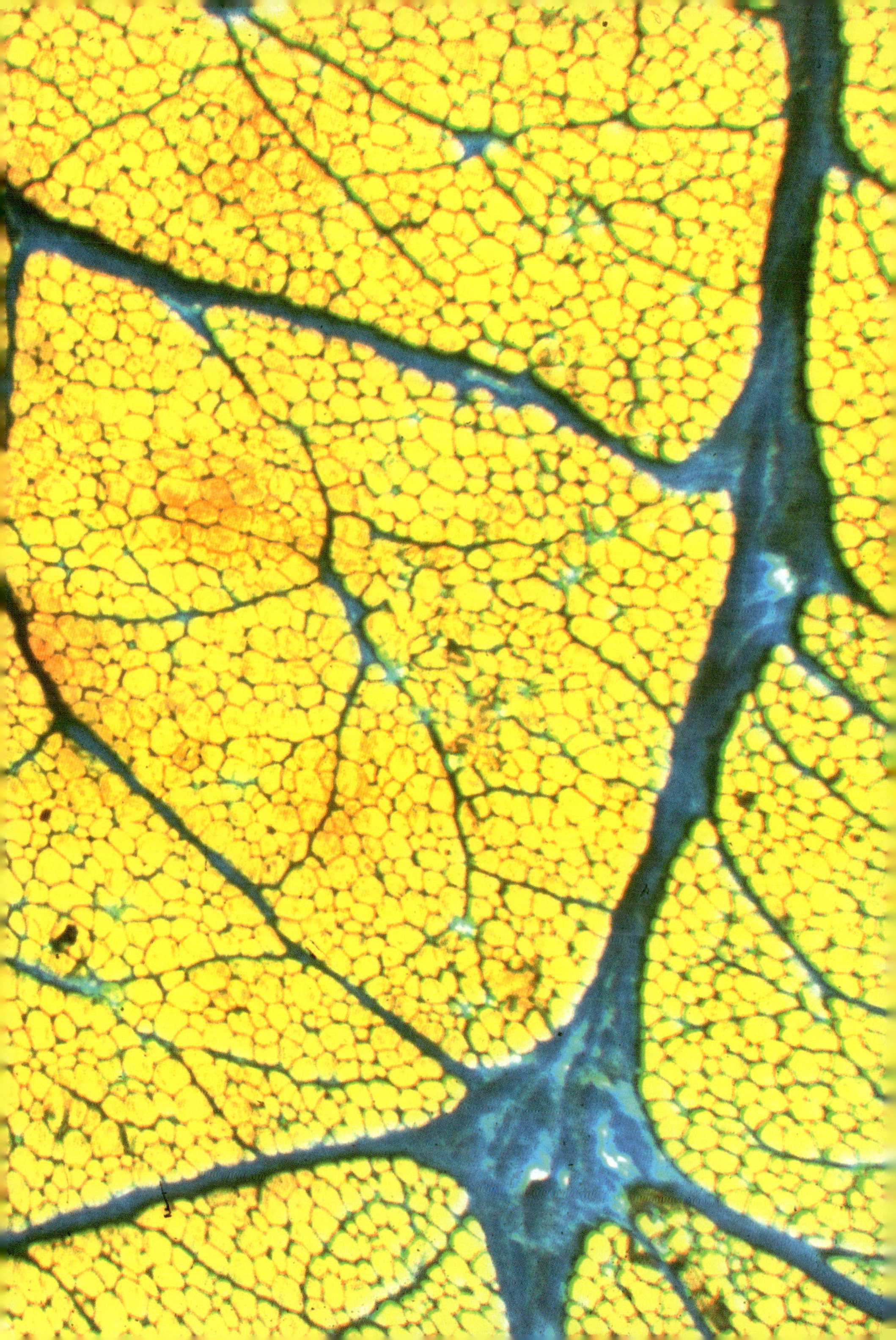

ANHANG

ZUM NACH- UND WEITERLESEN

VERÄNDERUNGSKOMPETENZ

Es ist beeindruckend, wie viele Veröffentlichungen es zum Thema „Veränderungen" oder „Veränderungskompetenz" gibt. Als Einsteiger ins Thema hat man die Qual der Wahl. Mich persönlich hat vor allem die Frage interessiert, wie Menschen gemeinhin mit Veränderungen umgehen und warum dies so ist. Besonders ergiebig fand ich in diesem Zusammenhang das Buch „Die ultimative Herausforderung – über die Veränderungsfähigkeit der Deutschen", das im April 2018 bei der Springer Fachmedien Wiesbaden GmbH erschienen ist. Als Herausgeber fungierte das „Institut für Zukunftspsychologie und Zukunftsmanagement" (IZZ) der Sigmund Freud Privatuniversität Wien, das mit der Publikation eine „bewusstseinsstärkende Strategie" liefern möchte, sich „reflektiert und planvoll" durch eine sich zunehmend beschleunigende Zukunft zu navigieren. Das Buch enthält ausgesprochen interessante Einzelbeiträge, die aufzeigen, wie wichtig es ist, dass Menschen lernen, eine proaktive Veränderungskompetenz zu entwickeln. Tatsächlich – so das Fazit der Herausgeber – ist man in Deutschland jedoch weit davon entfernt. Dies zeigt auch eine weitere wichtige Veröffentlichung mit dem Namen „Das Land, in dem wir leben wollen. Wie die Deutschen sich ihre Zukunft vorstellen" von der Soziologin Jutta Allmendinger (Pantheon 2017). Sie wurde im Text mehrfach zitiert. Die Studie basiert auf der Befragung von über 3000 Personen im Alter zwischen 14 und 80 Jahren und baut auf drei Fragestellungen auf: „Wie ist es heute?", „Wie soll es werden?" und „Wie wird es sein?". Es ist ausgesprochen interessant, was dabei herausgekommen ist.

Warum Menschen im Allgemeinen zurückhaltend mit Veränderungen umgehen, beleuchtet das Buch „Persönlichkeit,

Entscheidung und Verhalten: Warum es so schwierig ist, sich und andere zu ändern" von Gerhard Roth, seines Zeichens Professor für Verhaltensphysiologie und Entwicklungsneurobiologie am Institut für Hirnforschung der Universität Bremen (2. Auflage, 2013). Wie auch in dem Buch des Neuropsychologen Lutz Jäncke „Ist das Hirn vernünftig?" (2. Auflage 2016) werden die Herausforderungen aufgezeigt, die damit verbunden sind, Veränderungsprozesse tatsächlich auch in Gang zu setzen, und welche Rolle unser Gehirn dabei spielt.

PSYCHOLOGIE

Auf den Zusammenhang Gehirn Psyche geht auch das 2004 erschienene Buch „Das Gehirn und die innere Welt ein. Neurowissenschaft und Psychoanalyse" von Mark Solms und Oliver Turnbull ein. Es gibt viele gute Gründe, warum wir Menschen so sind, wie wir sind, das wird bei der Lektüre der drei Bücher mehr als deutlich. Ebenso die Tatsache, dass die Wissenschaft teils sehr unterschiedliche Auffassungen zu dem Thema vertritt.

Wie Veränderungsprozesse gelingen können, zeigt das Buch „Positive Psychologie. Ein Handbuch für die Praxis", das 2018 in zweiter, überarbeiteter Auflage erschienen ist. Die sogenannte Positive Psychologie, die explizit die Förderung individueller Stärken und Potentiale in den Vordergrund rückt, ist momentan noch kein fester Bestandteil der universitären Ausbildung in Deutschland, erweckt jedoch zunehmend das Interesse der akademischen Fachwelt.

Zum Wintersemester 2018/2019 startete zum Beispiel ein erstes Weiterbildungsstudium an der Universität Trier. Das von Daniela Blickhan herausgegebene Handbuch vermittelt Grundlagen der Psychologie, kombiniert mit vielen Praxis- und Anwendungsbeispielen sowie aktuellen Forschungsergebnissen; ein spannender Fundus, der auch für Laien verständlich aufbereitet worden ist.

Wen einzelne von mir aufgegriffene Aspekte wie zum Beispiel das Thema Selbstwirksamkeit interessieren, darf ich auf das 1997 erschienene Buch des kanadischen Psychologen Albert Bandura „Self-efficacy: The exercise of control" verweisen, das leider nicht auf Deutsch erschienen ist. Um die Kraft der Bilder geht es in dem von Brigitte Dorst und Ralf T. Vogel herausgegebenen Buch „Aktive Imagination: Schöpferisch leben aus inneren Bildern", das 2014 in dritter Auflage auf den Markt kam. Ebenfalls interessant ist der Titel „Die Macht der Gewohnheit: Warum wir tun, was wir tun" von Charles Duhigg aus dem Jahr 2012, ebenso das Buch „Leistungsblockaden verstehen und verändern. Psychologisches Praxiswissen für Coaches und Führungskräfte" von Johannes Moskaliuk (2016). Wer mehr zum Thema Resilienz erfahren möchte, dem sei das „Handbuch Resilienztraining. Widerstandskraft und Flexibilität für Unternehmen und Mitarbeiter" von Sylvia Kéré Wellensiek ans Herz gelegt, das 2017 in zweiter Auflage im Springer Verlag erschienen ist. Passend dazu ist auch das Buch „Scheitern, na und? Wer Fehler macht, hat mehr vom Leben" von Kurt Tepperwein und Felix Aeschbacher (2016) eine Empfehlung wert.

NEUES DENKEN

Eine wichtige Rolle in meinen Ausführungen spielen die Themen Abkehr vom linearen Denken, Agilität und Flexibilität.

Auch hierzu gibt es eine Fülle interessanter Veröffentlichungen. Eine davon, das Buch „Laterales Denken. Ein Kurs zur Erschließung Ihrer Kreativitätsreserven“ von Edward de Bono aus dem Jahr 1971, habe ich in Kapitel 4 konkret angesprochen. De Bono hat zwei weitere wichtige Bücher zum Thema verfasst: „Serious Creativity. Die Entwicklung neuer Ideen durch die Kraft lateralen Denkens“ (1996) sowie „De Bonos neue Denkschule. Kreativer denken, effektiver arbeiten, mehr erreichen“ (2002).

Zu erwähnen ist auch das Buch „FLOW und Kreativität: Wie Sie Ihre Grenzen überwinden und das Unmögliche schaffen“ von Mihaly Csikszentmihalyi – für viele ein Standardwerk in Bezug auf die Nutzung persönlicher Potentiale. Alle Werke stehen exemplarisch für eine große Anzahl von Veröffentlichungen, die seit den 70er-Jahren zu dem Themenkomplex nichtlineares respektive kreatives Denken erschienen sind, und es ist absehbar, dass viele weitere folgen werden.

VERNETZUNG

Ein bedeutsamer Punkt in meinem Buch ist auch das Thema Vernetzung, das im Zuge der Digitalisierung in den letzten Jahren mächtig Auftrieb erhalten hat. Auch hierzu gibt es einen Literaturtipp, das erstmals im Jahr 1999 erschienene Buch „Die Kunst vernetzt zu denken. Ideen und Werkzeuge für einen neuen Umgang mit Komplexität“ von Frederic Vester. Vester war in vielerlei Hinsicht ein Pionier, der fachübergreifend gedacht und agiert hat und bereits vor über 25 Jahren dafür plädierte, die damals schon absehbare zunehmende Komplexität unserer Existenz nicht zu meiden, sondern zu nutzen.

Wer sich mit dem Thema Vernetzung befasst, wird irgendwann unweigerlich auch auf Gilles Deleuze und Pierre-Félix Guattari stoßen, die in den 70er-Jahren das philosophische Konzept der Rhizomatik entwickelten. Der Begriff leitet sich ab aus der Botanik. Unter einem Rhizom versteht man so genannte Sprossachsensysteme, die Blätter und Wurzeln einer Pflanze miteinander verbinden. Sie treten zum Beispiel bei Stauden auf und sind dadurch gekennzeichnet, dass sie ein horizontal wachsendes, wild wucherndes, miteinander vernetztes Geflecht bilden. Genau dieses Phänomen bildete die Ausgangsbasis für die Theorie der beiden Franzosen: Lange bevor das Internet entstand, plädierten Deleuze und Guattari bereits für Informationsstrukturen, die nicht hierarchisch organisiert, sondern in einem offenen, heterogenen, beliebig verknüpften Netzwerk gestaltet sein sollten (siehe hierzu auch die deutsche Originalausgabe „Rhizom" aus dem Jahr 1977, erschienen im Merve Verlag Berlin).

Es ist faszinierend, dass viele Thesen, die bereits vor einigen Jahrzehnten artikuliert wurden, an Aktualität nicht eingebüßt haben. Erich Fromm, der 1980 verstarb, ist hierfür ein gutes Beispiel. Die Aussage gilt im Übrigen auch, wenn man einen noch größeren Schritt in die Vergangenheit vollzieht und sich mit der Gedankenwelt Alexander von Humboldts beschäftigt. Wenn jemand das Thema Vernetzung hochhielt, dann er! Nicht umsonst wird seine Wissenschaft „Vernetzungswissenschaft" genannt. Man wird 2019 noch viel darüber hören, da am 14. September sein 250. Geburtstag begangen wird. Einen wunderbaren Exkurs in das Wirken Humboldts liefert das Buch „Alexander von Humboldt und die Erfindung der Natur" von Andrea Wulf aus dem Jahr 2016, aber das nur am Rande.

DIGITALISIERUNG

Was das Thema Digitalisierung angeht, empfehle ich den im April 2018 vom Institut der Deutschen Wirtschaft (IW) herausgegebenen „Digital-Atlas Deutschland", der einen breiten Überblick über den Status quo der Digitalisierung von Wirtschaft, Gesellschaft und Bildungseinrichtungen liefert. Eine spannende Analyse, welche gesellschaftlichen Herausforderungen zu bewältigen sind, damit Digitalisierung gelingen kann, enthält das Buch „Update!: Warum die digitale Gesellschaft ein neues Betriebssystem braucht" von Dr. Joël Luc Cachelin (2016). Eine anregende Betrachtung der digitalen Zukunft vermittelt auch Richard David Precht in dem 2018 erschienenen Werk „Jäger, Hirten, Kritiker. Eine Utopie für die digitale Gesellschaft". Die diversen Empfehlungen lassen erkennen, dass mich meine Recherchen in die unterschiedlichsten Richtungen führten, von der Psychologie in die Zukunftsforschung, von der Biologie in die Anthropologie, von der Botanik in die Medizin. Selbst mit der Chaosforschung bekam ich es zu tun – als studierte Historikerin eine echte Herausforderung. So nahm der 2010 verstorbene Mathematiker Benoît B. Mandelbrot die Erkenntnis, dass es in der Natur keine gerade Linie gibt, zum Anlass, seine Theorie der Fraktale zu bilden.

FRAKTALE

Den Begriff „Fraktale" leitete Mandelbrot aus dem lateinischen Wort „fraktus" ab, das für „uneben" und „gebrochen" steht. Als Fraktale bezeichnete er Objekte mit nichtlinearer Oberfläche, die zudem einen hohen Grad an Selbstähnlichkeit aufweisen. Für dieses Phänomen gibt es in der Natur gleich mehrere Beispiele, Wolken, Gebirge, der Verlauf von Küsten ... Auch Verästelungen sind Fraktale. Man betrachtet ein Detail und hat den Eindruck, ein Abbild des großen Ganzen zu sehen. Mandelbrot fand nichtlineare, logarithmische Formeln, mit der sich Küstenlinien, Broccoli, Schneeflocken und Felsformationen fortan genauso mathematisch beschreiben ließen wie eine Pyramide oder ein Würfel. Anfang der 70er-Jahre ging er dazu über, die fraktale Geometrie anhand von Computerbildern zu erklären, und lieferte damit den sichtbaren Beweis, dass selbst das Chaos über wiederkehrende Ordnungsmuster verfügt. Gedanken wie diese, die auch in dem Begriff „Geometrie der Natur“ Niederschlag gefunden haben, haben mich gerade am Anfang meiner Recherche darin bestärkt, meinen eigenen Ideen weiter nachzugehen. (Eine lesenswerte und sehr kompakte Betrachtung der Grundlagen der Chaostheorie liefert übrigens der Journalist Dr. Stefan Frerichs auf seiner Homepage unter https://www.stefre.de/html/chaostheorie.html).

AUF DER SPUR DER VERÄSTELUNG

Je weiter ich mit meinem Buch vorankam, desto mehr glich meine Recherche einer wahren Entdeckungsreise. Die Aufgabe, die ich mir gestellt hatte, bestand ja darin, konkrete Beispiele zu finden, wo sich das Phänomen der Verästelung überall niederschlägt, und der Frage nachzugehen, was dies damit zu tun hat, wie wir unser Leben führen. Das Internet erwies sich dabei als eine schier unerschöpfliche Quelle ergiebiger Websites und Portale, die mir eine Fülle von Informationen bescherten. Auch wissenschaftliche Suchmaschinen wie Google Scholar waren ein fantastisches Hilfsmittel, zu Publikationen vorzudringen, die in regulären Suchmaschinen wahrscheinlich nur mit viel Mühe aufzufinden gewesen wären. Auf diese Art durfte ich zum Beispiel feststellen, dass im Internet eine Dissertation zum Thema „Mikroklima und Musterbildungsprozesse – Komplexe Interaktionen in der Flechtenvegetation entlang eines Transekts der maritimen Antarktis" zu finden ist. Faszinierend fand ich auch, zu Institutionen wie der „United States National Oceanic and Atmospheric Administration NOAA" vorzudringen, die einen reichhaltigen Bilderfundus diverser Tiefsee-Expeditionen bereithält. Es ist wirklich beeindruckend, wie viele Initiativen, Institutionen und Organisationen es gibt, die bemüht sind, ihr Wissen an die Öffentlichkeit weiterzugeben.

Je weiter ich der „Spur der Verästelung" nachging, desto mehr war ich davon überzeugt, es mit einem wirklich interessanten und relevanten Thema zu tun zu haben. Das Ganze gestaltete sich wie ein Puzzle, das mehr und mehr Gestalt annahm. Was mit der Wahrnehmung einer einzelnen Gehirnzelle begann, führte mich zu der Erkenntnis, dass es hier tatsächlich einen übergreifenden Zusammenhang gibt, der Natur und Mensch miteinander verbindet.

Das vielleicht Bemerkenswerteste meiner „Entdeckungsreise" war, dass dieses Ergebnis ja nicht von vorneherein feststand. Jedem Wegabschnitt folgte ein neuer. Von breiten Pfaden gelangte ich in verschlungene, vermeintlich im Verborgenen liegende Bereiche, vom Großen ging es ins Detail und auch wieder zurück. So betrachtet, bildet auch die Entstehungsgeschichte dieses Buches das Arboreus-Prinzip ab: Alles ist vernetzt, alles gehört zusammen. Der Weg gliedert sich in viele Schritte und es war nie absehbar, was mich hinter der nächsten Ecke erwartet.

Mir ist klar, dass dieser Weg noch lange nicht zu Ende ist. Es sind noch viele Fragen offen. Was sich aktuell im Bereich der Physik abspielt, die sich mit Hilfe neuer Technologien in völlig neuer Dimension mit der Beschaffenheit des Universums befassen kann, ist hierfür ein gutes Beispiel.

Ich bin meinen Teil des Weges mit großer Freude gegangen. Der Spur der Verästelung zu folgen, hat mir gezeigt, wie unglaublich effektiv und faszinierend Natur funktioniert und dass Teile davon in uns selbst vorhanden sind. Meine Sichtweise auf das, was Leben ausmacht, hat dies sehr bereichert. Dafür bin ich dankbar.

ZUORDNUNG ZITATE

1 Stangl, W. (2019). Stichwort: ‚Selbstbild'.
Online Lexikon für Psychologie und Pädagogik
http://lexikon.stangl.eu/8083/selbstbild/ (2019-02-09)

2 Stangl, W. (2019). Stichwort: ‚Visualisierung | Online Lexikon für Psychologie und Pädagogik'. Online Lexikon für Psychologie und Pädagogik.
https://lexikon.stangl.eu/5315/visualisierung/(2019-02-15)

3 https://www.mpg.de/21486/Neuronale_Plastizitaet

4 Moskaliuk, Johannes: Leistungsblockaden verstehen und verändern. Psychologisches Praxiswissen für Coaches und Führungskräfte. Springer-Verlag GmbH, Heidelberg, 2016, essentials, S. 1

5 https://www.bionik-online.de/was-ist-bionik/

6 Allmendinger, Jutta: Das Land, in dem wir leben wollen. Wie die Deutschen sich ihre Zukunft vorstellen.
Pantheon Verlag, 2017, S. 17

7 https://www.psychomeda.de/lexikon/resilienz.html

8 Stangl, W. (2019). Stichwort: divergentes Denken | Online Lexikon für Psychologie und Pädagogik'. Online Lexikon für Psychologie und Pädagogik.
https://lexikon.stangl.eu/16043/divergentes-denken/ (2019-02-15)

9 De Bono, Edward: Laterales Denken. Ein Kurs zur Erschließung Ihrer Kreativitätsreserven. Düsseldorf 1989, S. 13

10 Aus: Zahlen und Fakten der Psychiatrie und Psychotherapie. Stand: Januar 2019 / www.dgppn.de/schwerpunkte/zahlenundfakten.html

11 Christiani, Alexander und Frank M. Scheelen: Stärken stärken: Talente entdecken, entwickeln und einsetzen. Redline Verlag, S. 17

12 https://t2informatik.de/wissen-kompakt/entscheidungsbaum/

13 Allmendinger, Jutta: Das Land, in dem wir leben wollen. Wie die Deutschen sich ihre Zukunft vorstellen.
Pantheon Verlag, 2017, S. 226

14 https://www.natuerlich-online.ch/magazin/artikel/das-gehirn-der-welt/

15 https://www.dihk.de/branchen/informations-und-kommunikationsbranche/wirtschaft-4-0/e-book-2018/aus-und-weiterbildung

16 Vester, Frederic: Die Kunst vernetzt zu denken, 1999, S. 9

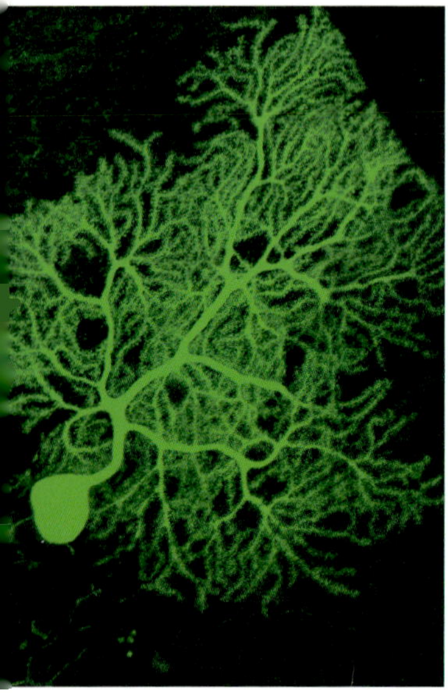

S 9

Dieses Bild ist dafür verantwortlich, dass ich mich überhaupt auf die Spur der Verästelung begeben habe. Es entstand mit Hilfe eines so genannten Konfokalmikroskops. Gezeigt wird eine Purkinjezelle, eine im Kleinhirn angesiedelte Nervenzelle mit einem außergewöhnlich komplexen Dendritenbaum.

© Science Photo Library/Deerinck, Thomas

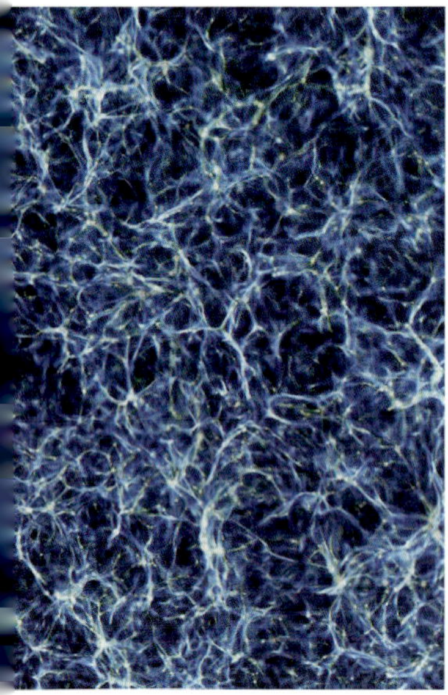

S 10

Diese Grafik zeigt einen Ausschnitt aus einer Simulation der spinnennetzähnlichen Struktur des Universums, die als „kosmisches Netz" bezeichnet wird. Die Strukturen ähneln in verblüffender Weise den neuronalen Strukturen des Gehirns.

Bildquelle: NASA, ESA und E. Hallman (Universität von Colorado, Boulder). [Public domain].

S 10

Das Gefäßnetz des Menschen erinnert – wie diese Illustration gut erkennen lässt – in seinem Aufbau an einen Baum: Den Stamm bildet die Hauptschlagader (Aorta). Von der Aorta zweigen dicke Hauptäste ab, die sich in kleinere Blutgefäße (Arteriolen) aufteilen. Ganz am Ende der „Zweige" befinden sich kleinste Gefäße, die als Haargefäße oder Kapillaren bezeichnet werden.

© iStock.com/Batke

S 11

Die Zonulafasern, die hier zu sehen sind, sind feine Bänder im Auge, an denen die Augenlinse aufgehängt ist. Die Linse ist auf diese Art und Weise mit dem Ziliarmuskel verbunden. Dank dieses Muskels lässt sich die Form der Augenlinse aktiv steuern.

© iStock.com/Batke

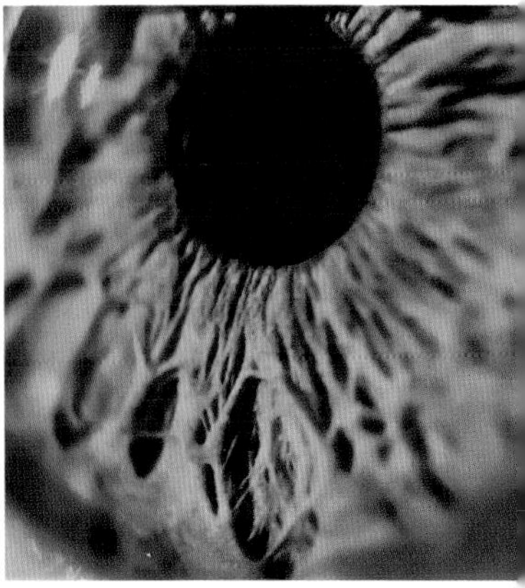

S 11

Im Hell-Dunkel-Kontrast zeigt sich die Universalität des Verästelungprinzips besonders deutlich – hier der Blick in eine illuminierte Baumkrone. Die deutlich erkennbare Verzweigung folgt einem wirkungsvollen Prinzip: Für einen Baum wird sein Überlebenspotential nicht zuletzt dadurch bestimmt, dass er seine Krone möglichst weit ausdehnen kann.

© Lucia Brauburger

S 16

Farne bilden weder Blüten noch Früchte aus, sondern vermehren sich mittels ihrer Sporen, die sich gewöhnlich auf ihrer Laubunterseite befinden. Durch die Verzweigung der Blätter existieren dafür optimale Bedingungen. Zudem kann durch eine bessere Ausnutzung des Sonnenlichts die Photosyntheserate erhöht werden.
Bildquelle: Pixabay/Mabel Amber

S 22

Diese Satellitenaufnahme zeigt die Arabische Wüste, einen 22 000 Quadratkilometer großen Teil der Sahara, der sich zwischen dem Niltal und dem Roten Meer erstreckt und Hochgebirgsketten mit bis zu 2300 Meter Höhe aufweist. Das charakteristische Muster der Wassererosion durch Flüsse und Bäche ist deutlich sichtbar.
© Copernicus Sentinel data (2016)/ESA, CC BY-SA 3.0 IGO [Public domain].

S 26

Wasser findet immer seinen Weg. Hier ein Blick vom Charlotte Pass im australischen Bundesstaat New South Wales, der zum Mount Kosciuszko führt.
© iStock.com/Ikonya

S 29

Die Form des Spitzahornblatts, auch Spitzblättriger Ahorn genannt, erinnert an eine gespreizte Hand. Das Blatt ist in fünf bis sieben verschieden große, spitz zulaufende Lappen unterteilt. Gut erkennbar ist die netzwerkartige Blattstruktur, die den Ahornbaum als zweikeimblättrige Pflanze ausweist.

Bildquelle: Pixabay/Julia Schwab

S 30

Die Wurzel eines Baumes erfüllt gleich mehrere wichtige Aufgaben. Zum einen bietet sie einen sicheren Stand, dient also der Verankerung. Zum anderen agiert sie als wirkungsvolles Aufnahme- und Speicherorgan.

Bildquelle: Pixabay/Xavy Monzon

S 32

Flechten sind bemerkenswerte Pflanzen: Sie gedeihen selbst unter härtesten Bedingungen. Durch die strauchartig wachsenden Verzweigungen verschafft sich die Rentierflechte, die hier abgebildet ist, eine möglichst große Ausdehnung, über die die wenig vorhandene Flüssigkeit aufgenommen werden kann.

Bildquelle: Pixabay/Jacqueline Macou

S 34

Kaltwasserkorallen leben in extremer Tiefe und tolerieren auch kalte Wassertemperaturen. Am weitesten verbreitet ist die Steinkoralle Lophelia pertusa – hier auf einer Aufnahme zu sehen, die vor der norwegischen Küste zustande kam. Bei den ebenfalls auf dem Bild befindlichen roten Korallen handelt es sich um so genannte Gorgonien.

© JAGO-Team, GEOMAR (CC BY 4.0). [Public domain].

S 36

Dieser „Farrea occa erecta" Schwamm wurde im August 2016 im Rahmen einer Tiefesse-Expedition der National Oceanic and Atmospheric Adminstration NOAA in 2600 Meter Tiefe in der Nähe von Hawaii entdeckt. Die gut sichtbaren Verästelungen dienen der Nahrungszufuhr.

Bildquelle: NOAA Office of Ocean Exploration and Research, 2015 Hohonu Moana. [Public domain].

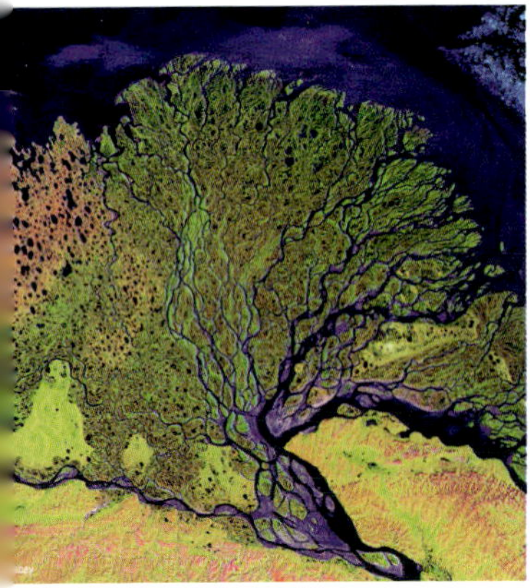

S 39

Das in der Republik Sacha (Jakutien) gelegene Lena-Delta, hier auf einem Infrarotsatellitenbild aus dem Jahr 2000 zu sehen, ist mit einer Ausdehnung von 32000 Quadratkilometern das größte Flussdelta in der Arktis.

Bildquelle: USGS EROS Data Center Satellite Systems Branch. This image is part of the ongoing Landsat Earth as Art series. [Public domain].

S 40

Dieses Bild präsentiert den Rakaia River, ein Fluss in den „Canterbury Plains“ auf der Südinsel Neuseelands. Mit einer Länge von 150 Kilometern ist er einer der größten verflochtenen Flüsse des Landes.

© GNS Science/Lloyd Homer

S 42

Dieses Satellitenbild wurde von der US-amerikanischen Luft- und Raumfahrbehörde NASA erstellt und zeigt einen Teil der Sundabarns, das größte noch existierende Mangrovengebiet der Welt.

Bildquelle: NASA image created by Jesse Allen, Earth Observatory, using data obtained from the University of Maryland's Global Land Cover Facility. [Public domain].

S 54

Dendriten (altgr. dendrites ‚zum Baum gehörend‘) heißen in der Biologie Zellfortsätze von Nervenzellen, die aus dem Zellkörper hervorgehen und vorwiegend der Reizaufnahme dienen. Hier zu sehen ist ein so genannter Moos- beziehungsweise Dendritenachat mit dendritähnlichen Einlagerungen aus Mineralen.

© depositphotos/Vangert

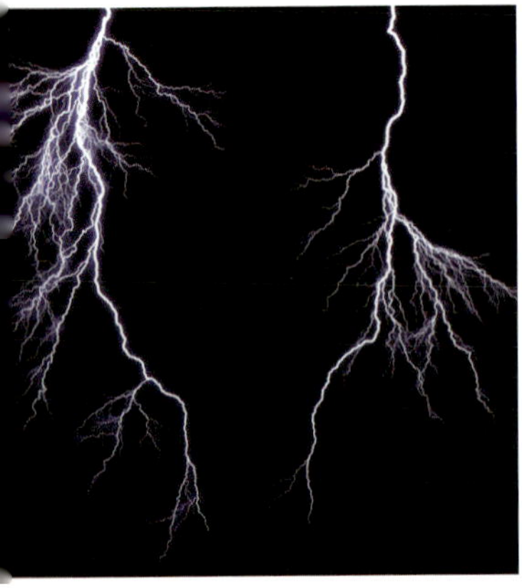

S 58

Bei einem typischen Wolke-Boden-Blitz bewegen sich zunächst negative Ladungsträger im Leitblitz ruckartig in Richtung Erde und bereiten einen ionisierten Kanal vor, durch den dann die so genannte Hauptentladung erfolgt. Bei der Ausbildung des Leitblitzes entstehen die typischen, weithin sichtbaren Verästelungen.

© panthermedia.net/plamby

S 62

Dass der Aufbau der menschlichen Lunge oft mit dem Wuchs eines Baumes verglichen wird (siehe unten), wird anhand dieser Aufnahme sehr gut deutlich.

Bildquelle: Pixabay/Felix Mittermeier

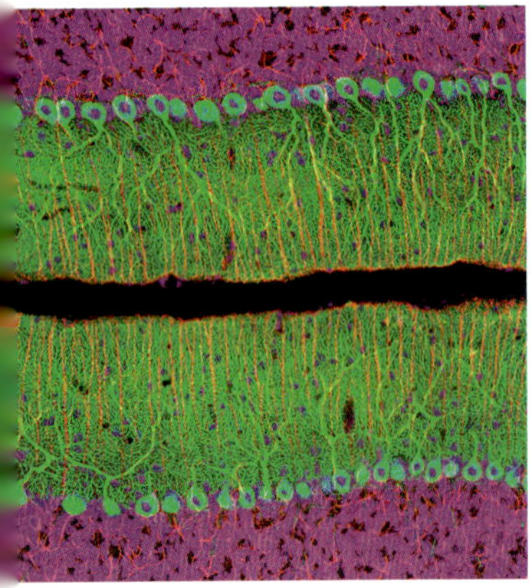

S 66

Bei dieser Abbildung handelt es sich um eine Fluoreszenzlichtmikroskopische Aufnahme von Purkinje-Zellen (grün) im Kleinhirn des Gehirns. Purkinje-Zellen haben einen flaschenartigen Körper, von dem sich zahlreiche hochverzweigte Dentriten erstrecken.

© Science Photo Library/Deerinck, Thomas (NCMIR)

S 70

In ihrem Aufbau erinnert die Lunge an einen umgedrehten Baum. Den Stamm bildet die Luftröhre, die sich in zwei Hauptbronchien aufteilt. Die Hauptbronchien wiederum führen jeweils in den rechten und linken Lungenflügel und verzweigen sich dort weiter in Bronchien und Bronchiolen, die in den so genannten Lungenbläschen enden.

© Guzel Studio/Shutterstock.com

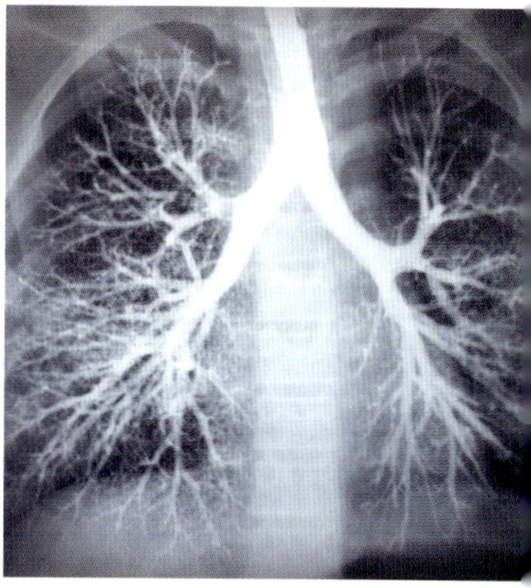

S 73

Damit das Herz seine Funktion als „Hochleistungspumpe" erfüllen kann, muss der Herzmuskel permanent mit Sauerstoff und Nährstoffen versorgt werden. Dies erfolgt über die so genannten Koronararterien, die sich in eine Vielzahl von Gefäßen verzweigen und so den gesamten Herzmuskel versorgen können.

© ballemans/Shutterstock.com

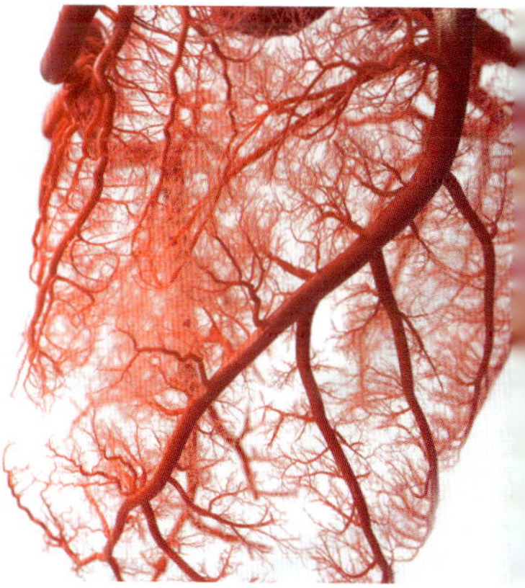

S 74

Venen und Arterien sind über ein System von Verästelungen miteinander verbunden, die so genannten Blutkapillare. Sie machen nur rund fünf Prozent aller Blutgefäße in unserem Körper aus, formen aber ein so weit verzweigtes Netz, dass aneinandergereiht eine Gesamtlänge von vielen Tausend Kilometern zustande kommt!

© iStock.com/Shulz

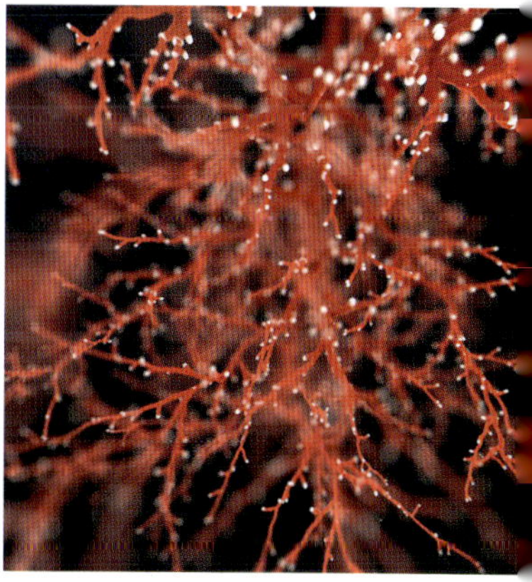

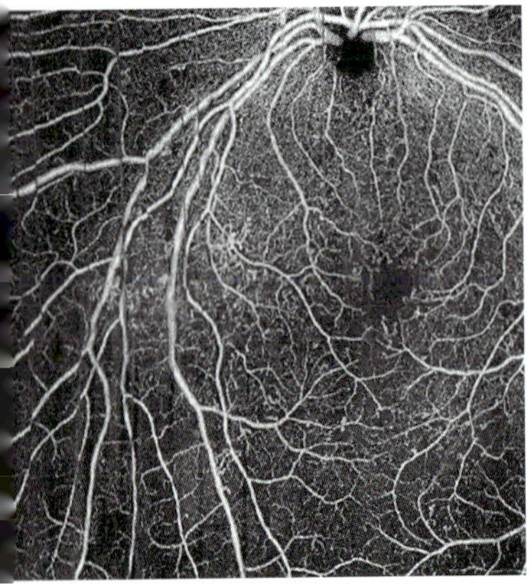

S 75

Dieses Bild wurde mit dem ZEISS AngioPlex Modul angefertigt, das mittels der optischen Kohärenztomographie (OCT) sogenannte OCT-Angiografie Bilder erstellt. Diese Technologie erlaubt eine nicht-invasive Darstellung von Gefäßsystemen innerhalb der Netzhaut und der Aderhaut.

© *ZEISS*

S 83

Die Struktur eines Blattes weist dasselbe Bauprinzip auf wie ein Stamm, von dem Äste abgehen: Die Äste sind immer dünner als der Stamm selbst und verjüngen sich. Die hier deutlich sichtbaren Blattadern erfüllen gleich mehrere Aufgaben: Sie dienen dem Wasser- und Nährstofftransport und geben dem Blatt zugleich Festigkeit und Struktur.

© *Lucia Brauburger*

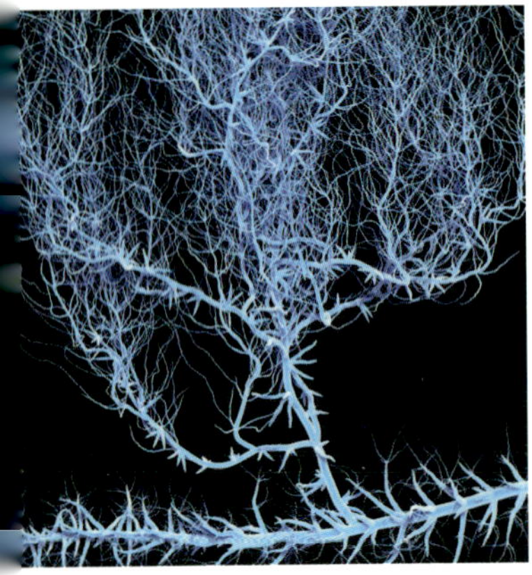

S 86

Die Ähnlichkeit dieser medizinischen Illustration zur Struktur eines Baums ist unübersehbar: Auch die Blutzufuhr beim Menschen baut darauf auf, dass eine flächendeckende Versorgung des gesamten Körpers gewährleistet ist. Mit Hilfe unzähliger Verästelungen ist dies möglich.

© *panthermedia.net/Inokos*

S 94

Auf dieser lichtmikroskopischen Aufnahme ist ein Schnitt durch das Kleinhirn des Gehirns zu sehen. Das Kleinhirn ist Teil des Hinterhirns und kontrolliert die Feinbewegungskoordination, das Gleichgewicht und den Muskeltonus.

© Science Photo Library/Deerinck, Thomas (NCMIR)

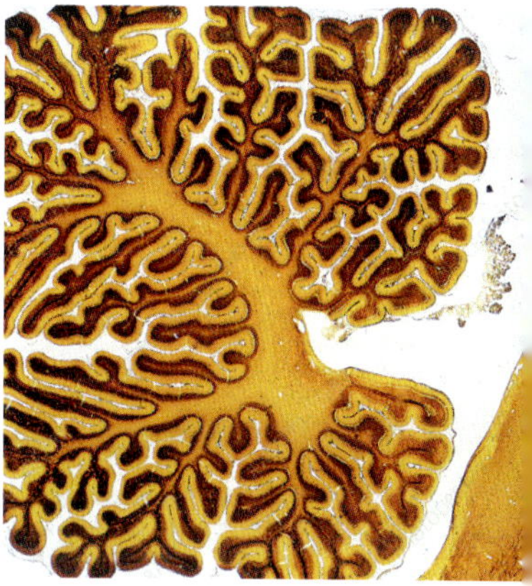

S 101

Die Blätter dieser Riesenseerose mit dem Namen Victoria amazonica beeindrucken durch ihre Stabilität. Die Rippen und Verästelungen auf der Unterseite sorgen dafür, dass eine 70 Kilogramm schwere Person, deren Gewicht gleichmäßig verteilt ist, mehrere Minuten auf dem Blatt stehen kann!

© I. Haas, Botanischer Garten und Botanisches Museum Berlin

S 106

Diese Abbildung wurde von dem in Stuttgart ansässigen interdisziplinären Forschungslabor moovel lab erstellt. Zu sehen ist eine Datenvisualisierung des Sprichworts „Alle Wege führen nach Rom“. Die Grafik zeigt ein Bild der Mobilitätsverflechtungen in Europa und ist ebenso als großes filigranes Kapillarsystem scheinbar organischen Ursprungs zu verstehen.

© moovel Group GmbH

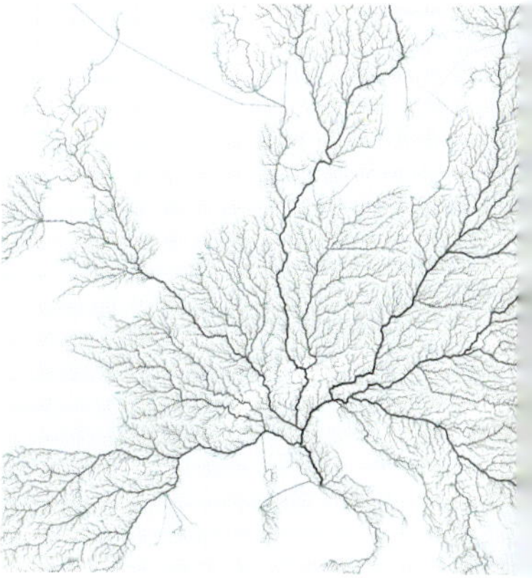

S 113

Anders als Tiere und Pflanzen bilden Pilze kein Gewebe, sondern ein Geflecht aus Zellfäden („Hyphen“), das in der Gesamtheit als „Myzel“ bezeichnet wird. Ein Kubikzentimeter Erdboden kann mehr als zehn Kilometer hauchdünne Pilzfäden enthalten. Es ist ein unvorstellbar komplexes Geflecht – ähnlich demjenigen der Neuronen im menschlichen Gehirn.

© Wolfgang Prüfert (priv.)/DGFM e.V.

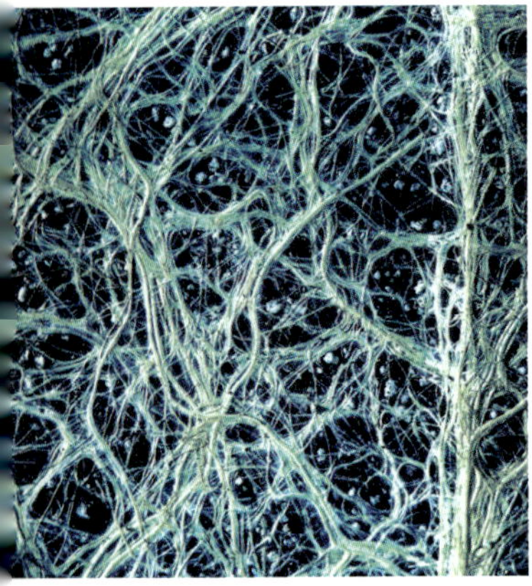

S 114

Dieses Bild zeigt so genannte Feinwurzeln, auch Haarwurzeln genannt. Mit einem Durchmesser von 2 mm sind sie die kleinsten Teile des Wurzelsystems von Pflanzen. Sie bilden ein dichtes, filigranes Geflecht im Boden und sind in der Lage, das Wasser, das in den feinen Bodenporen zirkuliert, mitsamt den darin gelösten Nährstoffen aufzunehmen.

© iStock.com/oddonatta

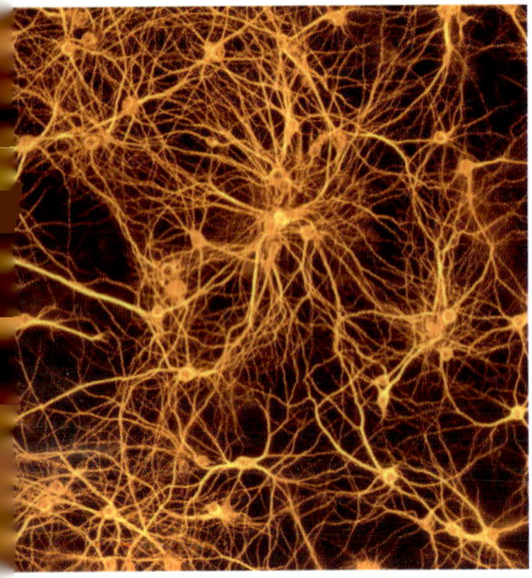

S 121

Wie tausende kleine Blitze ziehen sich die Fortsätze von Nervenzellen durch dieses Bild. Zu sehen sind Neuronen des Hippocampus, eine der evolutionär ältesten Strukturen des Gehirns, die besonders stark bei der Gedächtnisbildung mitwirkt.

© Kommunikation, MDC

S 122

Im Zentrum jeder Galaxie sitzt ein so genanntes Schwarzes Loch. Wie diese Schwerkraftfallen die großräumige Struktur unseres Universums beeinflussen, zeigt ein neues Computersimulationsmodell, das von mehr als 24 000 Prozessoren in mehr als zwei Monaten im Rahmen des Projekts „Illustris – The Next Generation" (IllustrisTNG) erstellt wurde.

© IllustrisTNG collaboration

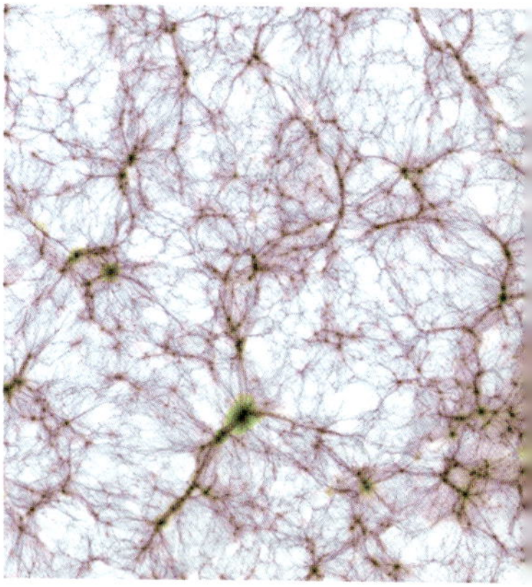

S 128

Das Bild zeigt einen mikroskopischen Ausschnitt des Muskels M. semitendinosus aus der Keule vom Rind. Es wurde mit Anilinblau Orange G gefärbt, um die Muskelfasern (Orange) und das Bindegewebe (Blau) darzustellen. Im Bindegewebe verlaufen vor allem an den „Kreuzungen" Blutgefäße und Nerven, die den Muskel versorgen.

© Dr. Jochen Wegner

S 154

Das Buch beginnt mit dem Blick auf ein Blatt und endet mit der Abbildung eines wunderschönen Waldes. Ein Zufall? Natürlich nicht ...

© panthermedia.net/Farzin Salimi

DANKESCHÖN

Es gibt eine ganze Menge Menschen, die mich während der Entstehungszeit dieses Buches begleitet und konkret unterstützt haben und denen ich dafür sehr dankbar bin. Allen voran meinem Mann, meiner Familie und meinen Freunden. Sie alle habe ich einige Monate lang mit fortwährenden Exkursen in die Welt der Verästelungen mächtig überstrapaziert. Danke für alles, ich weiß eure Geduld und Anteilnahme sehr zu schätzen :).

Mein Umfeld hat mich auch darin bestärkt, das Projekt komplett in Eigenregie anzugehen und als Unterstützungsmaßnahme eine Crowdfunding-Aktion ins Leben zu rufen. Der erhoffte Betrag zur Deckung der Druckkosten kam tatsächlich zustande! Darum zu bitten, einen wie auch immer gearteten Finanzierungsbeitrag für mein Projekt zu leisten, hatte für mich auch symbolischen Charakter.

In meinem Buch schreibe ich ja nicht zuletzt darüber, wie wichtig es ist, sich zu vernetzen und den Schulterschluss mit anderen zu suchen.

Dass ich in Form des Crowdfunding-Projekts die Probe aufs Exempel durchführen konnte, war somit in gleich mehrfacher Hinsicht eine Bereicherung. Ich bedanke mich bei Annalina, Annette, Axel, Bruno, Christian, Heidi, Ingeborg, James, Jens, Julia, Karin, Kerstin, Kim, Lorenz, Luisa, Marion, Martha, Martin, Michaela, Niels, Nikolas, Silke, Stefanie und natürlich meinen Eltern für ihr Engagement und auch bei den Machern von „startnext", die eine, wie ich finde, richtig gute Plattform ins Leben gerufen haben. Mein Dank geht natürlich auch an diejenigen, die mich unterstützt haben, ohne ihren Namen zu nennen. Der gesamte Entstehungsprozess des Buches war eine echte Herausforderung und ich habe viel gelernt. Wieder einmal ...

Aber genau darum geht es beim Arboreus-Prinzip: Den eigenen Weg finden auch jenseits der ausgetretenen Pfade. Franz Kafka schreibt: „Wege, die in die Zukunft führen, liegen nie als Wege vor uns. Sie werden zu Wegen erst dadurch, dass man sie geht.“ Gibt es einen geeigneteren letzten Satz für dieses Buch?